命運，

是嘴巴說出來的結果……

我想跟你好好說話

NONVIOLENT COMMUNICATION FOR BEGINNERS

賴佩霞的六堂

「非暴力溝通」入門課

賴佩霞 著

目次

| 推薦序。金惟純 |

離苦得樂、圓滿人生的殊勝法門

近年聽說佩霞很著迷「非暴力溝通」，常舉辦工作坊。我自己也讀過盧森堡博士的書，十分敬重他在這方面的實踐和貢獻，覺得這套方法中肯、簡潔、很「合於道」，卻覺得和自己關係不大。

直到日前應佩霞邀請，參加了著名培訓師迪安．基利（Dian Killian）博士的工作坊，才真正感受到自己仍然欠學。不是因為它難懂，而是因為越深入練習，越發現自己差太遠！非暴力溝通，是典型的「大道至簡，知易行難」！

為什麼差太遠？因為依非暴力溝通的準則，我們過去習以為常、被成功訓練的「高效」溝通方式，其實處處充滿「暴力」而不自知。

非暴力溝通的重點，是慈悲心

就我個人案例來說，年輕時在媒體寫評論，個人專長就是挑毛病一針見血、講道理一語中的；後來創業做經營者，追求的是目標導向、對事不對人，迅速抓到重點、指出問題、提出建議，更是基本功。只要目標確認，就全力衝刺、目中無人，語言暴力根本就是工作日常，在所難免。

在工作中習慣了這一套，往往不自覺的帶到生活、社交和親密關係中。久而久之，完全看不到自己這樣講話會讓別人受傷，一定會有後遺症，而且最後必然回到自己身上。當然更看不到，如此日積月累，隱形代價越來越高，最後難免陷入無解。

回想起來，過去的我，並非不知道自己言辭犀利、出語傷人，但仍覺得自己既然並無惡意，若有人容易受傷，只是因為他們太軟弱，應該自行鍛鍊，問題不在我。因此，每逢別人說我不了解他們，我總是說「我不是不了解，只是不認同」。漸漸的，「寬以律己，嚴以待人」成了習性。最大的後遺症，其實是不知不覺中，失去了自己的慈悲心！

也因此，佩霞書中提到的「自我同理」，是我最有感受的部分。我發現，自己對於辨認身體的感覺、情緒的感受和內在需要，有極大的障礙，要對別人提出請求，更難如上青天。我並非沒有感受和需要，只是對自己的感受和需要不願面對、不肯承認，更不願表達。因為自有記憶以來，這一切，都只能暗中用迂迴隱晦的方式進行，不能浮上檯面。這當然與成長經驗有關，童年時期的感受和需要，常被忽視，甚至否定，因此造成「自我同理」障礙。一個不能自我同理的人，怎麼可能「同理他人」、重視別人的感受和需要呢？

原來，對自己和別人不慈悲，就是暴力！這正是盧森堡博士堅持用「非暴力溝通」命名的原因。

有了這樣的體悟，才真正了解非暴力溝通的四要素「觀察、感受、需要、請求」，在實踐中有多難！因為大部分人都不是被如此對待長大的，非暴力溝通，完全不是我們的「母語」！難怪佩霞在書中一再強調，學習非暴力溝通，就像學第二外國語一樣，一旦認真實踐，會發現自己變得完全不會講話。

學一種新語言，等於要置換一組內在系統、一種對人生不同的解讀、一套不一樣的價值觀。所以非暴力溝通，不是一門技術的傳授，比較像是在傳道。傳道不能靠「經師」，只能由「人師」來傳，必須是用心實踐的人，才足以「論道」。正因如此，佩霞能以自己的生活和教學真實案例，完成華人世界第一本非暴力溝通的書，才如此難得，如此重要。

非暴力溝通，其實是一條修行的道路，重點是慈悲心！盧森堡博士是基於這樣的慈悲心，終身推廣非暴力志業，我相信佩霞用自己親身體證完成這本書，背後也是慈悲心。

人生要圓滿、要離苦得樂，缺了慈悲心，是不可能的。非暴力溝通，是現代人離苦得樂、圓滿人生的殊勝法門，人人都該學。再說得大一點，「台灣最美的風景是人」，如今仍在否？要找回這樣的風景，本書指出一條明路：大家一起學非暴力溝通！願以此共勉之。

本文作者為《商業周刊》創辦人，著有暢銷書《還在學》。

前言

如何做到既有效又友善的溝通？

「說過多少遍了，你為什麼老是講不聽？」
「幹嘛老是針對我？」
「又來了，是想氣死我嗎？」
「你根本就是故意的！」
「你從來都不關心我的感受！」
「我覺得你根本就不愛我！」

日常生活中，是否常被這樣的語言攻擊？又或者，這種話經常是從你自己的口中冒出？

這本書要談的，正是我們生活中所發生的各種「暴力型」溝通：他們為什麼那樣說話？為什麼這麼沒禮貌、這麼傷人？

類似的語言不僅出現在家庭成員之間——親子、夫妻、兄弟姊妹等等，在職場上，雖然平常同事與長官之間相處融洽，但三不五時也會有「暴力型」語言在辦公室裡冒出頭——

「業績這麼爛，你可以再鬼混一點！」

「你是豬腦袋嗎？我已經教你幾遍了還是學不會！」

「老是找我麻煩，你有事嗎？」

「反正公司沒預算，你自己看著辦！」

「你凶什麼凶，了不起我不幹了！」

換言之，長期以來從家庭到職場，總是有許多人習慣用鋒利的語言傷人而不自知。而當我們面對這種語言，往往會覺得很無辜，甚至被激怒，進而會以同樣激烈的語言反擊，衝突也因此發生。

在多數情況下，如果沒有正確處理衝突的方法，衝突就會漸漸惡化，最後演變成難以收拾的地步。對於引發這一切的暴力型語言，我們可以怎麼辦？該如何面對？如何化解？或許，我們應該問的是：

如何做到既有效又友善的溝通？

從認識自己開始，學習與他人對話

這本書，要探索的正是人與人之間的溝通。我採用的方法，是以已故知名心理學家馬歇爾．盧森堡（Marshall B. Rosenberg）博士所開創的「非暴力溝通」理論為基礎，再加上其他心理學家的研究。

盧森堡博士認為，每一個人天生都是友善、溫暖的，不會沒事就開口罵人、講出難聽的話，把自己搞得沒人愛。漸漸長大後之所以會說出傷人的話，使用上述這些暴力型語言，往往是後天學來的習慣。你我很可能都一樣，從小聽慣了類似的語言，長大後不知不覺跟著講，也就順理成章。

因此，我們完全沒發現這些語言會傷害自己身邊的人、激起對方的反感，進而引發衝突。而當衝突發生，我們也常會認為挑起爭端的是對方，不是我們自己。事實上，即便爭端真的是因對方而起，但也與我們的回應方式有關。

我之所以跨入身心靈領域，一開始是因為跟母親的關係處不好，又因為父親長期在生命中缺席，造成我心理上的疏離感，後來走進婚姻面對接踵而來的問題，更讓我急欲擺脫痛苦的人生。於是，我開始在心理學尋找線索，慢慢學習跟原生家庭和解，也處理了許多兒時的傷痛。

在接觸心理學之後，我開始展開自省與自我對話，成為了今天更健康、豁達的人。不過我也發現，如果只是專注在「做自己」，在誠實表達的過程中，雖然能找到心理的平衡，但往往也容易刺傷他人，尤其是身邊最親近的家人、好友、工作夥伴。有些家庭會因此而發生糾紛，很多職場上不必要的誤會也因此而起。於是，我接著又踏入非暴力溝通的領域，研習如何增進「對外」的關係，如何與別人進行良善的溝通。

第一次接觸非暴力溝通，我感受到心裡強烈的共鳴。為了更深入了解其精髓，我花了很長的時間蒐集資料，最後選擇參加一個為期十天、完全沉浸在課程裡面的國際培訓營。透過盧森堡所創的非暴力溝通四大步驟，學習善用溝通的語言，善待身邊的人，以及最重要的，關心自己與身邊的人，進而發現我們所共同擁有的良善本質。

首先是觀察（Observation），也就是具體的說出自己看到什麼、聽到什麼、感受到什麼，完全不夾帶個人偏見、價值觀與評斷。

其次是感受（Feelings），也就是當下「真正的感受」，與你的記憶及過去曾經歷的一切無關。

第三是需要（Needs），也就是弄清楚自己內心到底重視的是什麼。

第四是提出請求（Requests），這裡指的，是具體告訴對方，希望對方採取的行動。

這四個步驟聽起來似乎很簡單，但其實並不是一個簡單的過程。接下來你將發現，觀察、感受、需要及請求這四項要素，我們可能以為自己懂，但對大多數人來說，走進每一個步驟都像是踏上一個陌生的領域。因為從小到大，這些要素都被我們忽視，沒有人告訴我們它們是如此重要。

謝謝你們，午茶時光的親密對話

這本書提供的不只是溝通技巧，而是運用非暴力溝通的模式，跨越疏離的鴻溝，修補對內及對外那條搖搖欲墜的連結。因為連結如此脆弱，我們都在這裡迷失，甚至墜落受傷，這是為什麼溝通之於療癒如此重要。

寫這本書的過程中，為了客觀地蒐集更多生活中的溝通難題，我特別邀請了數十位朋友共同參與我的分享會，請大家談談自己在生活上遇到的溝通難題，彼此交流心得。其中有過去從不認識的朋友，也有跟著我上課多年的舊學員。學員中還包括我先生 Bob，他過去沒有學過非暴力溝通，但是他以一位心理學門外漢的角度與豐富的職場經驗，與學員一起分享我們夫妻倆溝通過程的點點滴滴，以及他對我的感受、想法與經驗。

參與的成員中有不少人是第一次參加團體分享的模式，這對他們來說非常不容易，有些人恐懼面對深層的議題，也有人害怕在眾人面前坦露傷痛。過程中，我看到有人自始至終無法開口表達；但我也看到有人鼓起莫大的勇氣，在結巴中努力提問，透過不斷的練習，最後可以侃侃而談自己的感受與想法。當然，還有些學員一點就通，甚至還呼朋引伴共同參與討論。無論在過程中他們獲得多少，在我眼中，都已經展現無比的勇氣，對自己的困境跨出一大步。

而長期與我共同研習的資深學員們，在過程中則大方提供自己一路走來的經歷，講述他們如何在風暴中練就一身功夫，懂得如何閃躲風暴裡射出的利刃，或在即將分崩離析的婚姻中，重新發現自己的力量。有人面對原生家庭的破碎，找出解答，與父親和解，勇敢踏入自己的婚姻。他們分享靜心、探討溝通技巧，同時指引新手過程中可能會遇到的挫折與喜悅。

在幾個週末的午茶時光，帶著信任與勇氣，我們展開一次次的對話，慢慢敞開內心，直視埋藏心底的傷口與困難。透過對談，一層層撥開迷霧，找出問題根源；藉由參與，發現每人的問題是如此雷同，在分享中，我們療癒彼此。

接下來書中所舉出的案例，名字是虛構的，但故事是真實的，我相信讀了之後必定會讓讀者感同身受。我感謝大家無私提供的案例，讓這股療癒的力量，能透過閱讀進到每位讀者的心中，持續擴大。

我們都有愛，學著釋放我們的溝通本能

本書的第一堂課，從溝通談起。希望這一堂課能有助於大家放下成見，釐清溝通的迷思。我們要知道，溝通不是告知，更非目的，而是一把開啟人與人之間連結的鑰匙。我們都有彼此了解的需要，這也是為什麼，這本書我會邀請各領域的學員們來到我的工作室，共同探討親子、夫妻、婆媳及職場上的相處難題，分享彼此的故事，當然也是一個讓大家可以大吐苦水的好機會（笑）。

接下來的四堂課分別探討非暴力溝通的四個要素：觀察、感受、需要及請求，依序進行。說出觀察的過程，往往是不舒服對話的引爆點，了解常犯的錯誤並謹記在心，才不會在對話過程中無意間埋下地雷。

第六堂課要討論的主題是「同理心」。在理解四項要素之後，再運用它們來同理自己。面對別人的攻擊，我們要如何同理自己的感受，例如：接受自己討厭這個人的念頭，或是如何用轉身離開現場來化解。至於在同理他人方面，則把注意力放在猜想對方的感受及需求上，這樣一來，就比較不容易受到對方負面語言的影響。接下來我們才能試著幫對方整理出感受及需求，並與其核對，情況就會有很大的不同。重點不在於猜對或猜錯，重點在於建立一個具有建設性的友善溝通管道。

我在分享會上也透過非暴力溝通的案例，帶領大家練習。除了運用書中這套模式拆解問題，也會觸及其他心理學理論，例如有些父母跟孩子之間的拉扯，是因為孩子在成長過程中有自主性的需求；而親密的夫妻關係，也可能參雜了權力鬥爭在裡頭，再加上每個人在各個時間點上的感受及需求都不同，使得這些案例的解答也不盡相同。因此，相同的情境套到不同的人身上，隨著個體性的差異，運用時就得換個說法。

因為這本書而展開的分享會時光，現場氣氛未必全然是愉悅的，更多時候甚至是凝重的，時不時會有人帶著無助或難受的心情，提出難解的問題。在尋找答案的過程中，我看到了母親對孩子深深的關愛，也看到妻子多麼在乎自己的另一半。這是因為我們都有愛，都想要好好溝通、想要與他人建立連結，只不過不知道該用什麼合適的方法來解套。

因此，別把自己鎖在悲傷、寂寞、孤獨的空間裡，有很多工具可以幫助我們找回人生原本就屬於我們的自在與快樂，只要學會善用這些工具，就能看到燦爛的人生，並且發現我們其實遠比自己想像的還要富饒。

最後，我要特別感謝李欣怡小姐。因為她的費心安排、記錄與整理文稿，這本書才有機會順利誕生。

盧森堡博士曾經說過，全世界——無論哪個種族、哪種文化——都有兩種不同的人。一種人很在乎「誰對誰錯？」（Who is right and who is wrong），在人際相處上，這種人常因生活中的不如意而耿耿於懷、容易有攻擊傾向。另一種人則不那麼重視對與錯，他們追求的是更美好的人生，關心的是該做什麼、說什麼，能讓自己的人生更美好（How can I make life more wonderful）？

你，是哪一種人呢？

第1堂

溝通
讓美好語言，為你建構美好世界

說到「溝通」，我發現很多人認為這是一種不必特別學習的技能，畢竟，說話誰不會呢？想當然，也就對「學習溝通」這件事沒有太大熱情。

然而，只要打開電視，看到那麼多的爭吵、暴力衝突，就知道人們對溝通這件事有多麼不理解。而且這個現象是全球性的，不斷發生在人與人之間、家庭與家庭之間、組織與組織之間、政黨與政黨之間，以及國家與國家之間。

我看到很多人、很多家庭在溝通的時候，習慣使用一些非建設性的語言（臨床心理學博士馬歇爾・盧森堡稱之為豺狼式語言），因此在親子、夫妻、婆媳、手足……等等關係上頭，常常會衍生出一連串的衝突與挫敗感。當然，如果家人彼此有些幽默感的話，也許摩擦還可以藉此稍稍釋放，不至於演變成激烈口角，甚至反目成仇，但比起溝通，幽默感又是更高的學問了。

少了幽默感的潤滑，家庭不和睦又溝通不良，導致人們常生活在莫名的挫折感之中。有太多夫妻雖共處在一個屋簷下，卻因雙方有著嚴重的分歧，又無法好好坐下來找出解決之道，在日積月累的摩擦中，勉強維持著婚姻關係。於是有些人只好讓自己瞎忙，或成為工作狂，試著採取「有距離的相處」；有些人則是藉由喝酒、吸毒、沉迷電玩……來麻痺自己，逃避現實。

說到這裡，不妨先來個小小的心理測驗輕鬆一下。我們都知道，遇到壓力時，人們通常很自然的反應是「戰」或「逃」，但其實還有另外兩種反應，那就是「裝死」和「討好」。

回想一下，平常人際關係出問題的時候，你通常會採取哪一種機制呢？你會「戰」、「逃」、「裝死」還是「討好」？抑或，以上皆非呢？

命運，其實是嘴巴說出來的結果

如果你的答案是「以上皆非」，恭喜你，我猜想你已經明白了：在人與人的相處中，衝突是可以避免的，溝通是可以學習的。我們都不用在戰與逃之間抉擇，也無須勉強自己裝死或討好對方。

我們都有一套非常好用的免費工具——語言，只要學習有效的溝通技巧，先把自己理清楚，便可以一輩子運用這個工具來解決大部分的問題。

千萬不要小看語言的力量，包括馬丁·路德、甘地等許多偉大人物，他們除了用行動、用榜樣來號召人們一起奮鬥，同時也靠著語言在改變這個世界。

在我翻譯百年經典書籍《失落的幸福經典》（*The Game of Life and How to Play It*）時，書中有一段話是這麼說的：

無形的力量一直在為人工作，但是在「幕後操縱」的卻是人自己，只是我們不知道而已。透過話語的振動力量，人說出什麼，就會吸引什麼。不停談論疾病的人，就會吸引疾病上身。

關於語言的力量，有個觀念對我影響很深，我來解釋一下。

一早醒來，我們腦袋的念頭就開始跑，仔細聽，會發現這些念頭都圍繞在同樣的邏輯上。我們先有念頭之後，念頭創造出語言，而語言創造了我們的命運。為什麼？因為我們說出的話，決定了我們跟別人的關係好壞。如果說，語言影響我們的命運，那換個方式講，就是：命運，其實是嘴巴說出來的結果。

讓我舉個例子。前陣子，國稅局來了一封信要我去做說明。我相信一般人收到這樣的信，無論多麼誠實納稅，多少都會有些擔心、不安。他們要我去的理由是，我的前夫在三十年前曾用我的名字登記了一家公司，對於這家公司的成立與休業我一概不知情，一想到要面對這令人不悅的過往，焦躁的情緒難免浮現。

這天早上，會計師通知我必須親自到國稅局去一趟。還好，這段時間我都置身在非暴力溝通的氛圍裡，於是先幫自己準備好一杯咖啡，在開車上路前好好安撫自己的心情。

到了櫃檯，在與承辦人的互動過程中，我用了本書提到的一些小方法。看著她忙進忙出，又看到她怕耽誤我時間的模樣，我從容的說：「沒關係你慢慢來，我不急，等你好了再叫我。」她笑了。

當我前面的男士從櫃檯離開時，我也沒有立刻趨前，而是等她把手上的東西忙完，抬頭問我「你要辦理什麼？」時，才走到她面前。我告訴她：「我收到通知後，真的很懊惱，因為我非常重視效率，能不能請你幫我把這件事情做一個徹底的解決？」

當然，除了這段話，我還讓她知道她的幫忙對我有多麼意義深遠，因為我終於可以與前夫做最後的了結。接下來，她還幫我打電話到另一個承辦單位，把所有該處理的細節統統問清楚，當場幫我解決了所有的難題。

一個小時之後，走出國稅局，我就如同脫胎換骨了一樣。一根插在背上多年的刺，就這樣融解了，我覺得好開心、好輕鬆，而且充滿感激。

就在這時，我腦子裡冒出一個念頭：我怎麼這麼幸運？這麼有福氣？這種幸運會不會被用盡？

緊接著，另一個聲音浮了上來：別怕，好運不會用盡，好運不是從外在降臨，好運、福氣其實是經營出來的。

當下我深深體會到盧森堡博士所強調的一個重要觀念：我們每個人都想成全彼此，只要說話的方式對了，雙方都可能同時獲得滿足。那一刻，我感受到滿滿的「幸福」。

還有，最奇妙的是，原先讓我感到不安、擔心、焦躁的「國稅局」，現在突然變成了我心中最有人情味的地方，只要提到這三個字，我會自然而然的面帶微笑，充滿感謝。也許有一天她會看到這本書，我想在這裡說一聲：「謝謝你，陳小姐。」

語言可以摧毀一個人，也可以讓人沉浸在幸福裡

說出什麼樣的語言，就會吸引來相似的回應，「給出去的一定會回到自己身上」，這個觀念多年來我一直銘記在心。給出正向的，就有良善的回饋；給出負面的，就會得到破壞性的反射。人跟人之間的親疏遠近，絕大部分都取決於我們

說出來的話語，因此，任何摧毀性的豺狼式語言或語氣，都可能會讓曾經共患難的朋友老死不相往來。而所有的嫉妒、破壞性的反撲，往往也是因為這張嘴巴引起的。

語言對人的影響之大，不容小覷。它可以摧毀一個人，也可以讓一個人沉浸在幸福裡。在非暴力溝通的使用上，盧森堡博士特別用了「豺狼」和「長頸鹿」這兩種動物，分別代表了暴力語言及非暴力語言：非暴力語言就像長頸鹿一樣，有更高更廣的視野及高度，還有一顆強大的心，願意聆聽與包容；而暴力語言則像豺狼，領域性、控制欲及攻擊性強，習慣自我防衛，凡事總要爭個輸贏。

想擁有美好的人生，先要認清楚一個重點：語言創造我們的命運。

就拿親子關係來說明。當父母老是用命令口吻對孩子說話，別懷疑，孩子長大後一定也會用同樣的態度對待父母。試想，當媽媽老是一邊打罵孩子還一邊說：「我罵你是因為我愛你。」孩子長大後，會如何展現自己對母親的愛呢？又如何展現對別人的愛呢？

身為兩個孩子的母親，我必須誠實的說，「我罵你是因為我愛你」這句話是媽媽慣常使用的搪塞語言，一個為自己無法好好說話所找的藉口。這也是為什麼我常常苦口婆心的提醒大家：「請認真看待跟下一代的相處，因為我們對小孩的方式，就是他們長大後對待我們的模式。」千萬不要以為現在孩子還小、很乖，長大後不會記得這一段受創的童年。

重點來了，孩子長大成人後不會覺得這樣的態度有什麼不對，就像有些父母也不覺得打罵孩子有何不妥一樣。孩子不是為了報復才對父母大小聲，他們是跟父母有樣學樣的，心中壓根不認為謾罵是個問題。這，才是問題所在。

我生大女兒的那一段時間，才開始認真學習心理學。等到四年後第二個女兒出生時，我學得更深入也能身體力行，從來不口出惡言。結果，小女兒對我來說就像個天使，真的成為一個我怎麼對待她，她就怎麼回饋的實例。任何時候我需要安慰，只要跟小女兒說說話，她一定會給我滿滿的支持與鼓勵。

我深深相信，我們都有能力培養出將來能給我們最大支持的人。

把你在家庭外的溫暖平和，帶回家庭中

這幾年我一直在教課，許多學員抱著各種心情踏進工作坊大門。讓我最開心的，不是他們進來的模樣，而是課程結束之後，他們跨出大門的神情。每個人走出去時露出的燦爛笑容，就是我莫大的成就。

曾經有對新婚夫妻一起來上課，當下並不覺得有太大的改變，回去後才發現彼此的相處多了滿滿的幸福感。我問幸福感哪裡來，他們告訴我，來自於他們發現有一種工具可以解決彼此的難題。過去，雖然相愛卻不知如何相處，一旦關係陷入膠著，往往就會泥足深陷，徒然消耗彼此的心力。而現在，就像找到能解決誤會、化解衝突的方法——猶如手中多了一把尚方寶劍，心裡也多了一份篤定與沉著。

特別是新婚夫妻，研究顯示通常等到蜜月期一過，幸福感就會開始往下掉。曾經有位心理學家說，從小媽媽就告訴他這輩子只要做好這三件事：賺錢、結

婚、生小孩，人生從此圓滿。所以，他花了大半輩子針對這三件事做研究：有錢、結婚又生子之後，這樣的人生是不是真的可以帶來幸福快樂？

研究結果很有趣。他發現在親密關係裡，幸福的最高峰是在婚後的蜜月期，之後就會開始一路往下滑，而下一個高峰竟然是落在離婚後的那一段日子。他再深入研究後發現，幸福感不是來自「結婚」本身，幸福感是要靠維持，而維持，就得靠溝通。如果沒有學習良好的溝通，幸福就會擺盪到低點。也就是說，除非你的結婚對象是一個願意跟你交心的好朋友，兩人持續經營友好的關係，否則，幸福很難維持，而我們也都知道，友情的維繫，當然要靠彼此之間健康、友善的互動。

我還看過一則有趣的故事。有一個專門研究夫妻關係的心理學家，太太生小孩之後，連續餵了十一個月的母乳，照顧嬰兒的壓力讓兩人忙到連覺都睡不好。終於等到斷奶那天，他跟太太把孩子交給丈母娘照顧，兩人放自己一天假，到最高檔的飯店住一晚，希望能好好睡上一覺。

這位心理學家來自一個中產階級的普通家庭，而太太則從小就家境富裕。當兩人來到高級飯店準備入住時，他看到身旁的妻子就跟飯店大廳裡的其他人一樣，穿著體面、有格調，反觀自己的穿著卻顯得寒酸，這讓他感到相當自卑，於是躲在一旁角落，讓太太一個人到櫃檯辦理入住手續。

孰料到了半夜兩人就寢沒多久，飯店警報器突然大響，他心想：「不會吧？我只想好好來這裡睡一覺，竟然發生這種事！」接著又想：「天呀！等會出去，每個人的穿著一定都像先前一樣得體，而我除了一身的破T恤、短褲，其他什麼也沒帶。」於是，他也懶得換上自己的衣服，而是乾脆套上衣櫥裡的睡袍，就趕緊跟妻子跑到飯店大廳。

結果他發現，大家都跟他一樣——穿著飯店睡袍。

那一刻，他突然有非常深的理解跟頓悟：原來，平常每天人們衣冠楚楚地走在街上，回到家跟家人相處的時候，私底下其實都一個樣兒。

我們會在家庭以外的地方戴上面具，表現出美好的一面，然後將最真實、不怎麼美好、甚至有點不堪的一面，留給身邊的家人。我們在家裡，無論是語言或行為舉止，都不太修飾。我們喜歡隨興不受拘束的舒適，喜歡放鬆下來的自在，卻沒有想到必須忍受不修邊幅的人，就是與自己同住在一個屋簷下的親人。

在夫妻相處上，不加修飾的語言與行為常常會誘發彼此的弱點，久而久之，弱點不再只是弱點，而是演變成惡化夫妻關係的元凶。別看有些在外面展現出高度修養，或在職場上表現優異的人，其實很多人都把在職場上累積的壓抑和壓力，統統帶回家裡爆發。

記得有位學員曾說過一個故事。她在醫學院授課，先生是一名醫師，夫妻倆就住在醫師宿舍。在宿舍裡，她常常聽到有個男人極度歇斯底里的咆哮、嘶吼，聽得出來是在指責太太跟孩子：「怎麼笨得跟豬一樣，我跟你講過多少次了……你為什麼都聽不懂？」私底下，左鄰右舍都很替這家的妻小抱不平——有這麼嚴重嗎？這個男人幹嘛要罵得那麼難聽？是不是該看看精神科了？

有一天，她走在醫院的長廊上，突然聽到有人在說話，她心想，這熟悉的聲音不就是經常咆哮與嘶吼的那個鄰居嗎？猛然轉頭一看，竟是一位外表斯文有禮的醫生。好奇心驅使下，她問了旁邊同事關於這個醫生的背景。原本她以為，平常動輒痛罵妻小的男人，應該是個脾氣暴躁、在同事之間風評不會太好的傢伙，但對方的回答卻讓她目瞪口呆。

「他是一位名醫，待人很好，對病人也非常有耐心。」這一刻她才驚訝的發現，原來這位在家中時常情緒大暴走、像顆不定時情緒炸彈的男人，在職場上卻是另一副模樣，竟然是一位以和善待人而聞名的好醫生，而且大家都聽過他的好聲望。

要用心打造並維持友善關係的對象，不該只是家庭之外的人，其實家中的親人更需要重視，因為他們才是幫助我們建構幸福人生的關鍵人物。

盧森堡博士將非暴力溝通推展到聯合國，也親自到中東國家去調解各方歧見，讓大人小孩都能運用這套公式，開啟族群跟族群的對話。在我來看，非暴力溝通的練習更應該從每個人的家裡做起，尤其是我們最親密的人生伴侶。如果家中還有子女，那就更需要好好學習，為兒女立下好榜樣。

許多研究都指出，擁有良好的關係是長壽的重要因子。如果我們跟孩子、家人、工作以及社會，都能保持友好的互動關係，對我們的健康將有正面的影響。

好好說話，好好聽對方說話

很多人告訴我，他們與另一半常常會避談某些話題，甚至到最後沒話可講，「相敬如冰」。

其實這正是很多夫妻關係的實況。追溯問題源頭，都是因為沒有學會如何表達感受而不傷人，結果為了避免傷人、引起不必要的爭執，乾脆選擇不說，以為只要不提起、不討論，彼此就能相安無事，否則一談到敏感話題，就可能立刻引爆地雷，破壞兩人的和諧。

然而，親密關係既然要成為彼此一輩子的好朋友，就沒有什麼不能討論的事，關鍵就在於如何「好好說話」。「好好說話」的技巧就像一塊浮木，能讓你們扶著它，安全的度過歧見鴻溝。

在親密關係中，尤其是夫妻之間，最好要有一個共識，就是：允許對方的意見跟自己不同。我們的問題，往往出在老是覺得對方「怎麼可以這樣想」，結果反而導致了兩人的不愉快。其實，對方當然可以有任何想法，我們要做的，不是指責對方，而是透過「好好說話」來了解對方，同時也讓對方理解我內在發生的狀況。敞開心去面對無法達成共識的問題，同時不要阻礙彼此說出自己的感受。

我發現很多為人妻的並不知道，對很多男人而言，害怕與妻子溝通的背後還有個隱藏的因素，不見得與妻子有關，而是參雜著許多自己的童年經驗：他們很可能從小就不知道怎麼處理母親的情緒，所以走進婚姻之後，自然對妻子的情緒也往往不知所措。

對伴侶，男人心裡常會有一種「害怕」的心情，他們最常有的回應方式要嘛是生氣，要不就是離開現場。對他們來說，這樣的處理方式也是最容易的。這也正是為什麼，要求男人在溝通中表達出自己的「感受」跟「需要」特別困難，尤其當面對的是女人時，從他們的世界來看，更是不容易。

當我深入非暴力溝通的學習之後，赫然發現一件有趣的事——非暴力溝通的四個步驟：觀察、感受、需要及請求，沒有一個是我先生 Bob 在行的。要對太太表達這一切，坦白說，他……統統都不會。

過去我跟 Bob 溝通的時候，就發現他有這樣的傾向：一聽到我開口要跟他「談談」，他就會默默的往門口移動，或是刻意忙東忙西來模糊焦點。真是氣死我了。

有一次 Bob 故技重施，想再度躲開，但這回我決定改變以往消極的做法，因為當時要討論的是我非常重視的事。我要他坐下來，好好聽我把話說完，而不是心不在焉、瞎忙或顧左右而言他。

結果，他好好聽我說了嗎？

沒有！在我面前，他根本如坐針氈，然後一開口，說出來的話讓我更生氣了。

他完全不懂溝通技巧，硬把他抓到面前，要他做一件最不擅長的事，結果他只能用他最本能的反應——自我防衛。這是最讓人抓狂的方式，因為我說什麼他就反彈什麼！

那次的經驗讓我慢慢理解，好好說話之前，需要給他空間。我開始領悟到，原來當他屁股對著我，或者是瞎忙、走來走去，是為了騰出我們之間的距離，避免氣氛太僵、太緊繃而沒有退路。這樣一來，就算他真的有不愉快的情緒反應，最起碼不會直接跟我短兵相接、起衝突，這是他為自己調節情緒的方式。

這下我懂了，從此我再也不要求他非得坐在我面前，聽我說一些他可能不喜歡聽的話。同時，我也了解到他用了什麼樣的策略在維護我們的關係。

剛開始，我們溝通的模式通常是這樣的：我會一直告訴他我的感受，然後他很自然的——就像很多為人夫的男人一樣——真心想要來「修正」我的感受。他會不斷重複說：「你幹嘛這樣想……」、「你這樣感覺不對……」、「你要轉念，你不是常常教人家要快樂嗎？」（挖哩勒！氣死我了！）

聽到這種話，根本是火上添油，氣得我內傷，我常在心裡嘟囔著：「什麼意思，現在是功德會嗎？怎麼連支持我一下都不會？一點同理心都沒有！感受……感受你懂不懂？真是的，OOXX懂個屁……」

還好，多年下來，我早已明白好好說話的道理，能和顏悅色的告訴他：「親愛的，你不用告訴我應該怎麼做。我知道怎麼做，我只是要你聽，你聽我說說就好。」

「喔，原來我不用給你意見？我只要聽就可以了？」他問我。

我回答：「對，就是這樣。」

「我不用開導你？不用幫你釐清事實？」

「對，我只是想跟你說說心裡的感受，如此而已。」

他鬆了一口氣說：「早說嘛，這樣子我輕鬆多了。」

當發現自己不用給意見之後，Bob也變得有趣多了。聽我說話，他不再有心理壓力，也開始會分享他比較細膩的情緒，或是誰發生了什麼事，跟我分享他的真實感受，我也會跟他一搭一唱，兩個人從過去的各自表述、一邊一國，變成同一國了。

親愛的，我沒有怪你，我只是想讓你更了解我

不批評、不評斷，在親密關係裡面是非常重要的。

就像前面舉的例子，類似「你這樣想不對，怎麼可以這樣想……」這種說法，儘管說話的人是一番好意，但往往會讓對方覺得不舒服、覺得被修理。對方本來只是很單純想要分享與紓壓，下回乾脆就放在心裡不說，至少不會招來更讓自己挫敗的人身攻擊。當有一方決定不再說、不再分享，久而久之，溝通就會停頓下來。

說到這裡，應該可以了解「不批評」的重要性了。當有人願意坦承自己的感受和想法時，如果迎面而來的是鄙視與嫌棄，只要是聰明人，想要再次請他打開

心扉，絕對比登天還難。

在親密關係裡，如果兩個人都一樣強勢，就很容易發生溝通停頓的現象。這時，就需要有其中一方願意開始改變及調整。

然後，問題就來了：誰先改？誰讓步？我常碰到有人問：「為什麼改的那個人是我，不是對方？」

我的想法是：既然選擇來上課、學習，當然是因為已經多少有點體認，希望自己具有改變的能力，不是嗎？但我後來發現，不是。來上課的人剛開始大都抱著想學會如何去改變別人、希望對方變成長頸鹿，而不是想學習改善自己的豺狼慣性。我一度相當不解，改變自己比改變別人容易，不是嗎？結果，我錯了。

原因有三。一，大多數的人都覺得自己沒有問題，是別人需要改變。二，大多數的人都覺得「我就是這樣的人」，幹嘛要改？改，我就不是我了。三，我們都不想面對一個事實，那就是：改變真的很難。

結果，走馬看花的人多，真的願意釜底抽薪、下功夫改變的人畢竟還是少數。

與其要改變別人，算了，還是簡單一點，從我們自身開始改變吧。但是，只要仍然堅持自己是正確的一方，改變將永遠不會發生。

以我跟 Bob 來說，由於我一直在研究心理學，所以在我們的相處過程中，我比較是退讓的一方，改變的契機自然而然也由我開始。關於這一點，我從來不抱怨，是心甘情願的。如果我們之間有什麼困難或問題，我總覺得是我的方式不對。加上我向來喜歡挑戰，每個關卡都是在考驗我過關的能力，因此我當然欣然接受。

我偶爾會邀請 Bob 到工作坊，跟大家分享我們兩人的互動過程，以及他的想法與心得。他曾經說：「當兩人要開始爭論的時候，如果一方態度先軟化，另一方就不太可能死撐著寸步不讓，也會慢慢軟化下來。改變不需要兩個人同時進行，只要有一個人願意先退一步示好，另外一方馬上也會感受到，整個緊張情勢就能緩和下來。」

另外一個很有趣的現象是：很多學員在學了溝通技巧後，都想帶另一半一起來上課。他們理所當然的認為，自己已經很努力付出時間去學習改變，另一半也應該要跟著學習才對。

但是，通常當對方感受到我們認為「他有問題，應該改造一下」時，他偏偏就越不會願意讓步。這是很自然的現象，我們越認為「他有問題」，他越會反彈說：「你才有問題！」因為這時，你已經激起了對方的自我防衛機制。如果在邀請對方的同時，沒注意到自己使用的語言，習慣性的加入批判、自以為是的語氣，就更會讓他內心小劇場噴發：「如果學了以後會像你這副嘴臉，鬼才要去！」

因此，如果有人問我，為什麼另一半都不願意一起來上課，我會很坦白的說：「如果走在這一條學習的道路上，心裡卻老覺得別人落後，或認為別人要改改、沒有智慧、不長進，那就表示，我們可能走錯方向了。」

我跟 Bob 的自尊心都很強，因此遇到有壓力的情況，說話時遣詞用字都會小心翼翼。如果對方說的話或態度引發我的情緒，我一定會表達：「這讓我不舒服。」甚至是「我現在真的很生氣。」我也會讓他知道，當我說出我的感受及需要的時候，是在提供訊息，讓他了解我心裡發生了什麼事。一旦他開始理解這一點，知道我並沒有批判他的意思，他就能給出友善的反饋，願意整理好想法並說出來跟我分享。因為說開來了，漸漸的，我們也會越來越了解對方。

我們的溝通習慣，來自我們的原生家庭……

夫妻遇到溝通上的困難，很多時候可以追溯到與原生家庭之間的互動模式。多年來不斷有女性學員問我：「如何解決先生跟原生家庭溝通不良的困境？」

要知道，每個家庭都各有獨特的溝通模式，例如長輩說話的方式、晚輩對應的方式等等。有些家庭裡的長輩，動不動就口出惡言，對晚輩不假辭色的咆哮，甚至三字經衝口而出；相反的，有些家庭裡的長輩異常沉默，任由晚輩沒大沒小的放肆。

類似的溝通模式，都是經過長時間累積而成的。比如說，如果我每次大聲叫罵，對方就會哭著離開，那麼下次當我不想跟你多說話的時候，很自然就會使出同一招。如果我大聲咆哮後對方還留在原地，我反而不知道該怎麼做，於是只好說話帶刺一直刺激對方，直到對方掉頭走人為止，好讓「溝通」停擺、結束。就這樣日積月累下來，便形成一種根深柢固的模式。

家人之間經過多年相處下來，就會有一套固定的互動機制，在日常生活中，這套機制自然且微妙的運作著，每個家庭成員都會在一種無意識的驅動下維護它的運行。這就是為什麼常常聽人說「要改變家人好難」，因為需要改變的不只是個人，而是在底層無意識中運作的鞏固系統。

如果這個家庭習慣了使用豺狼式語言，即便大家都已經傷痕累累，只要回到同樣的機制裡，每個人會自動歸位或補位，重複這種熟悉的豺狼模式，延續長期以來各種情感上的拉扯。而最令人毛骨悚然的是，即使逃離了這個環境（例如搬出去住、出國、結婚），仍會不自覺地維持同樣的習慣，甚至重新打造一個類似的家庭模式。

如果只做到自我覺察，而沒有意識到自己與原生家庭長久以來的互動模式，那麼在學習新的溝通上也會遭遇比較大的困難。因為一旦回到原生家庭，很容易就會自動進入原先熟悉的那套無意識的系統。想要擺脫長久以來牢固的家庭互動模式，不是一件容易的事，除非有強烈的企圖心，願意付出更多的耐心跟毅力，才有可能鬆動。

回到上面女學員提出的問題。其實，另一半跟原生家庭的問題，需要自己去面對，身為伴侶所能做的，是跟他坐下來好好說話，持續從溝通中相互支持。

想要協助另一半處理與原生家庭之間的溝通，說比做容易得多，身為伴侶宜先弄清楚自己在這個系統裡的角色。尤其是與先生家人同住的妻子，更要注意這一點，畢竟每個人都帶著原生家庭的特定習性，因此媳婦通常跟婆家很容易有摩擦。一旦妻子與婆家成員相處時發生不愉快，一定也會希望從先生身上得到安慰與體恤。

然而，當先生自顧不暇，根本不可能有餘力去撫慰妻子的情緒時，他會格外感受到壓力與愧疚。對於夾在婆媳之間的先生來說，「兩面不討好」的處境會非常艱辛。如果這時候，妻子還是堅持自己的情緒要由先生來解套的話，心結可能會越結越深。

怎麼辦呢？我們不妨回過頭來看，可以一步步怎麼做。

首先，夫妻之間要先能夠做到「好好說話」。我深信，只要兩人溝通順暢，就是對另一半最大的幫助。我們要了解，我們與原生家庭之間既定的互動模式，其實很難解開，只要一回到原生家庭，某種無意識的模式就會開始運作。

其次，提升自己的意識，專注於自己的言行舉止。要理解原生家庭複雜又巨大的情緒系統，短期之內很難改變，相較之下，改變自己就容易多了。

第三，與另一半說話時，學著使用沒有批判、不帶勒索的字眼，甚至採用較多自省的態度來進行討論。當兩個人關係變好，原生家庭對另一半的影響也會慢慢降低。想要幫助另一半撤出原生家庭的負面模式，除非先把自己調整好，提高自己溝通時的覺察與意識，否則無意識中，自己也會莫名其妙地捲入對方家庭的豺狼機制裡。

結論是，與其想去改變雙方的家人，不如先從穩固兩人的關係著手。而目標，就是好好說話。

在華人的教育體系與哲學裡，一直教導我們「父母才是最重要的家人」。然而，既然選擇了自組家庭，有了自己的親密伴侶，婚姻絕對值得兩人共同花心思去經營，因為一天的開始和結束，都跟枕邊人有關。

想花時間受困於衝突中，還是想快樂的完成夢想？

說到枕邊人，我們常希望自己能有一個美好的人生，但怎樣的人生才算美好？是擁有龐大的財富？還是功成名就？

都不是。哈佛大學一個長達近八十年的追蹤研究發現，無論階級高低、所得多寡，真正讓人覺得滿足與快樂的元素，是與身邊的人保持良好、緊密的關係。

你猜對了嗎？

因此，別忽略夫妻關係的重要性，學著與每天陪伴在身旁的人好好說話吧。

好好說話，要從自己開始做起。除了對肢體語言、說話內容及語氣需要抱持高度的自覺，還要提升意識覺察身邊周圍的人事地物。因此，在期望另一半做出改變之前，我們自己要先調整的地方還真不少。

良好溝通，並不會自己從天上掉下來，而是需要付出高成本的。從學習開始，要有耐心、要花時間、要有善意、要有覺知、要自律、要實踐，還要慢慢說、細細聽。而在過去的年代，這些觀念都沒有受到重視，我們一心只想用最快、最簡單、最低成本的方式解決問題，例如直接用命令式的語氣說：「我叫你做，你就做！少囉唆！」

表面上看起來，這似乎是最有效率的方法，一切問題馬上能獲得解決——孩子乖乖去收拾房間，部屬默默聽命把任務完成，但實際上，這種方式的代價高得令人難以想像，衍生出來的問題更是層出不窮——孩子將來自然會以我們對待他的方式來對待我們以及別人，而部屬的不滿，輕則爾虞我詐，重則引來造謠攻擊，最終要付出的代價更龐大。

相反的，好好說話剛開始或許需要投注較多的時間，不過伴隨而來的是長期的延續效果，無論在職場或是親密關係上都是如此。如果用感情的銀行存款來比喻，好好說話能讓我們擁有豐厚的「情感積蓄」與「信任存款」，也比較能容忍彼此犯下的錯誤。倘若沒有足夠的「情感積蓄」與「信任存款」，失控的負面情緒所帶來的殺傷力就相對強大許多。

一旦我們開始學會運用非暴力溝通，就更能領悟語言的魅力，了解語言的奧祕。在未來的人生道路上有它隨行，不只可以解決自己溝通上的問題，還可以進而成為一位調停者，在別人遇到困難時，協助爭執的雙方傾聽彼此的心聲。

馬歇爾・盧森堡博士曾經說過，當雙方都聽到彼此的需要時，最多只需要二十分鐘，就能緩和彼此的情緒，消弭歧見。這是他的經驗談。

聽起來很神奇吧？是的，非暴力溝通在聯合國推動已久，是一門可以從小開始練習的學問。我曾在影片中看過三個六、七歲的小孩在做調停——其中兩個小孩吵架，第三個小孩就問吵架的兩個人：你們的感受如何？有什麼需要？並讓他們提出請求。當一個孩子從小就學習了解自己，想想看，他未來的人生會輕鬆多少？省去多少糾纏和麻煩？他可以把許多的能量拿來完成未來的夢想，而不是耗費在處理人跟人之間的敵對、衝突或是自我壓抑的憂傷之中。

我非常慶幸能活在這個世代，擁有各式各樣的解藥來幫我們解決生活上的難題，當然也包括「非暴力溝通」，這是我們的福氣。

想想，現代人的自我意識都提升了，以往豺狼式語言也開始受到檢驗，無論豺狼隱藏多深，人們的嗅覺也比從前敏銳多了。過去慣用的強迫、情緒勒索，已經慢慢在失去它的作用。因此，聰明的你決定怎麼做呢？

如何減少傷害，如何培養同理心對話？話要怎麼說才算為自己負責？如何讓別人願意跟我們合作？如何讓自己的付出充滿喜悅？如何提出請求？如何聽到彼此的真心？這都是本書六堂課的重要核心。

無論是個人身心靈的發展或領導魅力的展現，現代醫學、科學、商業都已經證明，只有當我們啟動同理心，以建設性的長頸鹿語言溝通，人與人之間的對立才有機會化解；也只有在對立化解之後，我們才有可能發展建設性的合作關係，共同搭建一個更健康、快樂、豁達的人生。

接下來，我們將一步步，探索隱藏在語言底層的神祕世界。

第2堂

觀察

如實平靜陳述，傳遞愛的訊號

接下來四堂課，我將藉助盧森堡博士所創立的非暴力溝通理論，和你一起踏上明確溝通的康莊大道。

這裡我想先向盧森堡博士致敬，讓我們用一點時間，認識這位對心理學界貢獻卓著的泰斗。

出生於一九三四年的盧森堡，從小家境並不富裕，父母兩度離異，使得他的求學路走得不很順遂。九歲那年，他隨著家人從俄亥俄州遷到密西根州的底特律。萬萬沒想到，就在他搬到底特律的一個禮拜後，就爆發了史稱「底特律事件」（Detroit Race Riot）的種族暴動，湧入底特律這個汽車重鎮的黑人與白人移民，爆發激烈的衝突，造成四十三人死亡、超過四百人受傷，還有逾七千人遭到逮捕。

這起事件在盧森堡的小小心靈，留下深深的烙印。年僅九歲的他目睹這起暴動，心想：人與人之間，為什麼要相互殘殺？為什麼不能好好相處、相親相愛？

還有另外一起事件，同樣在年幼的盧森堡心上留下深刻的陰影。剛搬到底特律的他，第一天到新學校上課，老師大聲叫了他的名字，有同學聽到他的姓氏是「盧森堡」（較常見於猶太人），於是問他：「你是猶太人嗎？」天真的他直接回答：「對啊，我是猶太人。」

沒想到，當天放學後，就有兩位同學躲在暗處準備揍他——沒別的原因，純粹只因為從姓氏發現他是個猶太人。類似的情況，在他成長的過程中不斷發生。

「從小我就無法忍受看到有人被欺凌，」他說：「我很好奇，為什麼有人會做出欺凌別人這種事？更重要的是：為什麼這種事會發生在我身上？」

「幸好，」盧森堡說：「我來自一個溫暖的家庭，身邊充滿了愛，否則我很可能會對自己產生厭惡感——為什麼我是猶太人，讓同學想要揍我？」

如果早知道可以這樣溝通，我們根本不會開戰

盧森堡在回顧自己踏上心理學這條路時，深信這些事件為他日後對暴力語言

與行為的研究，埋下了好奇的種子。他在一九六一年取得心理學博士學位時，論文題目就是研究社會情境與自我評量之間的關係，這份論文，後來也成了他非暴力溝通理論的基礎。

盧森堡認為，沒錯，我們每一個人都是獨立的個體，彼此之間都存在著差異性，但其實我們之間所擁有的共同點，遠甚於差異。取得博士學位後的盧森堡，剛開始在密蘇里州的聖路易市執業，與朋友合開了一家諮商診所。與此同時，他並沒有放棄關於衝突的研究。大約在一九六〇年代，他完成了這套影響世界的溝通模式，並取名為「非暴力溝通」。

也許「非暴力」三個字讓你覺得怪，其實盧森堡自己剛開始也不喜歡。但他認為，一旦我們深入認識了這種溝通的本質，就會明白「非暴力」是最貼切的用法。所以，最後他還是為自己獨創的理論取了這個名稱。

他曾經帶著這套神奇的理論，遠赴奈及利亞北方，參與兩個長期對抗的部落之間的談判，化解可能一觸即發的衝突。有一次，當他成功調停了兩個部落後，其中一個部落的酋長說：「早知道可以用這種方式溝通，我們就不會打起來了！」

這套理論不只可以運用在戰場上的敵對雙方，更適用於我們日常生活的相處關係。於是，回到美國後，盧森堡開始到全美各地演講，推廣「非暴力溝通」的理論與實際應用方式。起初只有少數人聽過他，但由於課程太精采了，結果一傳十、十傳百，越來越多的學校、社團、組織相繼都來邀請他。

不過，早期他的演講幾乎都是義務性質，有時候連交通、食宿都是自掏腰包。如果去的是生活費用較高的城市，為了省下住宿費，他會乾脆睡在車上。有一次，一位學員知道他原來生活如此拮据，就開了一張支票給他。盧森堡一看支票上的數字，天啊，是好大的一筆金額。

「你給我這麼多錢幹嘛？」

對方說：「你想幹嘛都可以，看你自己的需要。比如說，你可以拿去付旅館費，住得舒服點，以後就不用睡在車上了。」

盧森堡原本想婉謝對方好意，但轉念一想，告訴對方：「我的確需要錢，但我不想用在住宿上，讓旅館老闆賺走這些錢。我需要研究經費、需要錢買電腦，我可以用你這筆錢，添購我研究所需要的設備嗎？」

那位慷慨的學員說，當然可以！

就這樣，盧森堡有了第一筆研究經費，也開啟了將非暴力溝通發揚光大的重要一步。後來邀請他的人實在太多了，盧森堡心想：「與其我一個人到處跑，何不培養更多像我一樣的講師，代替我到全國各地演講呢？」

於是，他一方面將非暴力溝通的課程標準化，提出「觀察、感受、需要、請求」的四步驟SOP，另一方面大舉招兵買馬，直接與間接地培訓了多位後來很有名的講師。馬歇爾．盧森堡雖然已經在二〇一五年過世，但他培養出來的這批子弟兵（例如在我寫這本書期間，特別來台授課的Dian Killian博士），目前仍在全世界六十幾個國家教授這套系統。

非暴力溝通第一步：放下心中成見，平靜觀察事實

就像前面提到的，很多人不太理解「非暴力」溝通這個名稱。因為沒有人願意承認，自己的溝通是帶著暴力的，所以看到「非暴力」三個字，要嘛第一時間就很排斥，要嘛認為這樣的課程與自己無關。

然而，這三個字在我聽起來卻覺得熟悉且親切。因為我長期受這方面的訓練，在面對人跟人之間的關係時，非常容易偵察到許多語言背後隱藏著濃烈的攻擊性，也很清楚哪些對話會出現問題。

這並不是說，我有多麼神奇的本領，事實上，當一個人有了足夠的心理學訓練之後，通常就能嗅到哪些情況出了問題。著名的心理學家約翰．高特曼（John Gottman）跟妻子多年來在美國專門研究夫妻間的親密關係，他只要跟一對夫妻相處幾分鐘，就能知道他們的婚姻能夠維持多久，會不會離婚收場。

我相信，大家多多少少都曾有過這樣的經驗：明明自己心平氣和的說話，卻

被對方惡言相向；明明自己只是隨便說說，對方卻突然火冒三丈。反之亦然，有時候別人不經意的一句話，會觸動我們心中的敏感神經，讓我們渾身不舒服；有時候甚至是別人之間的對話，聽到我們耳裡，還會懷疑對方是不是指桑罵槐，暗指我們的不是。

很多時候，我們跟別人相處上的問題到底出在哪裡，自己也說不上來，只覺得「不爽」，憋久了好像就必須要說點什麼、做點什麼……

一位看起來非常內向的女學員來到我的靜心教室，當著其他學員說出她婚姻的困擾：「我跟老公有溝通上的問題，而我不知道哪裡出了問題。我們只要一吵架，他就回他爸媽家，一走就是一個禮拜，每次都要我去跟他道歉，他才肯回家。這一整個禮拜下來，我都很不好受，很悶。」

我問她：「他現在人呢？」

她回答：「在我婆婆家。」

我又問：「這一次怎麼吵起來的？」

她說：「他到大陸出差兩三個禮拜，回到家，行李也不收，就放在客廳，動也不動，已經放兩天了。因為我很重視家庭，很愛乾淨，第三天就忍不住了。我跟他說：『你為什麼不把行李整理一下？』沒說幾句，他不高興甩頭就走了。」

我又問她：「當你問他為什麼的時候，你是真的想知道他『為什麼』不整理行李嗎？還是說，你是想表達對他的不滿？」

她：（笑了！）「……」

我：（也笑了！）「那他怎麼說？」

她說：「他說他出差回來『很累』。結果說完，還是繼續動也不動的坐著，我就更火了……然後就吵起來了。我憋了好幾天才說的耶！」

我：「呵呵！呵呵！」

她：「呵呵……呵，呵呵！」

我說：「哎！你要他怎樣？你問他『為什麼』不收拾行李，他也回你說『因為他很累』，也沒錯呀，他都回答你了不是嗎？問題是，那根本不是你真正想要的答案。」

我們到底想表達什麼？是真的只是隨便問問，還是根本就意有所指？是不是在指責？

其實，不需要太聰明，就能聽得出語意中的意涵。

她：「也是啦，他出去那麼多天，回家當然想好好放鬆放鬆。況且，回來後他就開始上班了。哎呦，看來我又要去道歉了。」

在盧森堡的非暴力溝通標準步驟中，第一步是「觀察」（observations），也就是一種不帶有任何評論、評價的觀察。

觀察什麼呢？先觀察那些引起我們情緒反應的事實與事件，然後據實以報。簡單來說就是敘事、陳述事實，不帶評論地把自己所看到的事情說出來。就像監視錄影機一樣，把發生的經過如實地描述一遍。

為什麼不能夾帶評論？因為只要夾帶評論，就很可能讓對方更無法接收到我們真正想要傳達的訊息。原本希望對方關心我們，結果反而適得其反；原本希望化解衝突，結果反而讓衝突更惡化。

這位學員可以試著用更明確的方法闡述，譬如：「你大前天晚上回來，行李放在客廳，到今天是第三天了。」

這個時候即便先生回答「我真的很累」，我們聽了也比較不會生氣。因為兩個人針對的都是事實，都可以坦然表述，不需要去處理一些情緒化的弦外之音。

再舉個例子。一位太太跟先生說：「你早上幹嘛對我不理不睬？」

太太之所以這麼說，其實是希望能獲得先生更多的關心。問題是，這句話不是觀察，只能算是太太強加在先生額頭上的一個標籤、一句評論、一種假設，甚至是情緒發洩，這其中暗藏著指責、批判的意味。不管先生早上是故意或被冤枉，一句「你對我不理不睬」，任誰聽了心裡面都不會舒服。

怎麼辦呢？

換個方式說說看：「今天早上，我們兩個人都沒有說到話。」

這就是陳述事實，沒有夾帶任何評論，也就沒有什麼負面的情緒要處理。這句話，完全沒有指責任何人，沒有遭受冷落的一方，也沒有任何價值判斷。

換句話說，沒有加害者，也沒有受害者。就像家裡的監視器，記錄了一整個早上兩人都沒交談的事實。

想想看，如果你是這位先生，聽到太太這麼說，是不是感覺好多了？會不會反而回想一下，檢視一下自己，是否真的一忙就忽略太太了？

再舉一個生活中常見的例子：

一位想與先生溝通的妻子，看到先生很冷淡，遠遠坐在一旁忙自己的事，忍不住抱怨：「你嫌我囉嗦是嗎？」

我們常常可以在夫妻吵架時聽到這句話。這也是典型的批判，不是觀察。如果用盧森堡的方法，或許可以稍微調整一下用語，例如：

「當我跟你說話的時候，我看到你眼睛閉起來。」或是「當我跟你說話的時候，我看你一直低頭看手機。」

親密關係關鍵詞：耐心陳述事實

在著手進行這本書之際，有一回上課前，我先生 Bob 很體貼的幫我到樓下點餐，還很貼心的問我：「你待會演講，要談什麼？」

我心想：「天啊！有沒有搞錯，跟你說了好幾次了，同樣的問題你問了第六次了！」

怎麼辦？

當時我的雷達已經偵測到心中的不耐煩，幸好，學習靜心多年下來，我知道一旦覺察到自己開始有了負面情緒，就越要讓自己穩住，說話速度也要放慢下來，因為通常那個當下就是我們可能犯錯的時刻。

這種時候，最要避免的，是讓暴力型語言脫口而出。假如我當時語帶不滿的告訴他：「我不是已經說了好多次了嗎？你到底有沒有在聽！要我講幾遍？」這樣的回答，就算他知道自己常常心不在焉，也很難有好臉色回應。

相反的，我讓自己單純陳述事實就好，咬住嘴唇，不能多說任何一個情緒化的字眼。於是，我耐住性子，當這是他第一次問，心平氣和的回答：「這場演講是跟我要寫的書有關。」

我還記得那一天窗外一片蔚藍，天氣非常晴朗，和煦的陽光灑滿屋外，好舒服的太陽。這麼美好的早晨，我才不要挖個洞自己跳下去，皺起眉頭，擺出難看的臉色，搞壞自己跟對方的好心情。

怎麼樣，聰明吧？十幾個字的簡單陳述，化解了一場可能引爆的衝突和冷戰。如果弄不好，說不定就跟那位女學員一樣，還要到對方面前賠不是才能平息，太不划算了。

正如盧森堡博士說的：你要選擇玩「誰對誰錯」，還是玩「怎樣讓自己過得開心」的遊戲？

說真的，這時候我已經看清楚事實：他這是關心我，想參與我的世界，想了解我，否則他幹嘛要問？

說到這裡，我不得不多說一句，我們常常在別人表達關心的時候，一不小心就給對方臉色看，既不懂得珍惜，也不懂得欣賞。潑了人家一身冷水之後，還抱怨人家為什麼都不關心自己。

關於這一點，我也常常提醒自己：如果別人沒有惡意，就不該給對方冷酷的語氣或臉色。特別是針對自己家人，很多時候他們根本不是來找碴，是來聊天，想跟我們連結、交流的，但我們常常一個不耐煩，一不小心，就把冷屁股給遞上去了。

這時對方為了維護自己的自尊心，當然要反彈。如果不反彈，我們可能又覺得他好欺負，又不珍惜了！

此時，正當我埋首趕稿之際，Bob 又不時在我身邊走來走去、問東問西。看我要不要吃這個，喝那個？在寫什麼？寫到哪裡了？要不要睡了？要不要起來動一動？即使他曾數次打斷我寫作的心流，但看他一臉關心、好奇的模樣，我依然選擇帶著微笑抬頭看看他，耐心回應他幾句。然後，看著他帶著滿意的微笑坐回他的寶座，繼續看他的影集。

寫作或創作的人都知道，文思泉湧的時候最怕別人打擾，然而，當心裡願意騰出空間給幸福，無論眼前、手邊在做什麼，自然而然就能回應對方的善意。這就是我經營幸福的祕訣。

記得了：耐心陳述事實，這一招在日常生活親密關係的應對上是很關鍵的。

不多說，不冷戰，不擺臭臉

說到臉色，我們通常只看到別人臉色難看，卻沒發現其實自己的表情往往也好不到哪去。不耐煩的時候，腦海會閃過各種不悅的念頭，思索著如何修理對方，想著怎麼讓他知道我很在意他犯下的錯。

通常就在這種心情下，忽略了對方其實是關心自己的。對我而言，我很確定一件事：無論 Bob 的態度如何，他都是在表達對我的關心。

當那天早上我告訴他，演講與出書有關之後，他接著問：「出版社的人都會來嗎？」

我輕輕柔柔回答了：「會。」（講八遍了！）

過程中，我只是直接說清楚事實真相，不加任何情緒性字眼。

當發現自己開始有些小情緒的時候，這招特別管用。只要能按捺住性子，千萬別讓自己脫稿演出，即可避免荒腔走板的情節。切記，所有的爭執都是從小小的不耐煩開始。

不多說，不冷戰，目的是「合作性的溝通」。

在《非暴力溝通：愛的語言》（*Nonviolent Communication: A Language of Life*）這本書中，盧森堡說明了為什麼「觀察而不評論」如此重要：

> 你可以說我做了什麼、什麼沒做，也可以解釋我的話語或行為。兩者我都可以承受，但請勿將它們混合。

你可以說你看到我沒做家事，心裡很是失望，但罵我「不負責任」，一點都不會讓我更想幫忙。

你可以說我拒絕你的追求，讓你頗為受傷，但罵我是個「木頭人」，並不會讓你的未來更有希望。

是的，你可以說我做了什麼、什麼沒做，也可以解譯我的話語或行為。兩者我都可以承受，但請勿將它們混合。

你來了，你又來了，別小看這一字之差

在生活中改變使用語言的習慣，說起來好像很容易，實際上……很難。你必須長時間反覆練習、不斷提醒自己，才可能改變原有的習慣。

人都有惰性，只要沒人給我們壓力，我們就會很自然地回到舊有的溝通模式中，忘了自己想要「好好說話」的承諾。

這也是為什麼，我常提醒學員，要很有意識的過日子，否則許多我們過去習以為常的暴力型語言、夾帶著評論的觀察，都會不經意的從我們口中再度冒出，破壞我們與他人之間的關係。

那麼，要如何時時提醒自己，別再重蹈覆轍呢？其實沒有捷徑，得靠自己反覆練習，不過倒是有一些詞彙，的確在我們平常生活中經常出現。雖然這些詞彙我們都習以為常，也不覺得有什麼問題，但我還是要提醒，這些用語很多都是誇大事實、模糊焦點，更重要的是，這類說法都帶有評論意味，絕非單純的觀察，因此很容易引起對方的反駁與反感，對於溝通品質有極大的影響。例如：

「你每次都……」

「你老是……」

「你總是……」

「你經常……」

「你很少……」

「你從來都不……」

舉個例子來說明。

有一段時間我擔任社區管委會副主委，有一次一位住戶因為家裡漏水，試著跟大家說明責任歸屬的問題，看到底是屬於公共空間或私人空間。討論到修繕費用之際，她突然說了一句：「總幹事看到我，一天到晚跟我要錢！」

我相信，讀到這裡，我們應當可以發現這句話背後可能引發的情緒反彈。平常性格溫和的總幹事，雖然耐著性子說話，但我可以感受到他的情緒也隨之波動了起來：「〇太太，請你摸著良心說話，我什麼時候一天到晚跟你要錢了？我前後只跟你提過兩次。」

當然，我完全可以體會這位太太對於家裡漏水及修繕深感懊惱，但是「一天到晚」的確不是一句能幫助我們溝通的合適說法。

順帶一提，在我接觸的所有心理學領域，都非常強調「誠實」這件事，我也奉之為圭臬，包括盧森堡的非暴力溝通也不例外。早期當我在訓練自己要奉行誠實的時候，其中的一個訓練方式就是陳述事實：

如果我早到了兩分鐘，就說兩分鐘；遲到七分鐘就說七分鐘；知道就知道，不清楚就不清楚；在我說隨便時，就表示我真的沒有其他意見。因此，當我在練習第一個階段的觀察時，相對不會太陌生。

還有一個我們需要特別注意的情況是：有些用語，說的人也許不覺得有什麼，但聽在另一個人耳裡卻有著不同含意。例如「你來了」和「你又來了」這兩種說法，多一個字，整個味道就不一樣了。

也許是不經意的說話習慣，但有時候也可能是有意的。多加一個「又」字，或許因為心裡本來就有顆炸彈想引爆，才故意用這樣的字眼讓對方知道自己生氣了。在這種情況下，語言的使用常常是為了要投射自己的心情，向對方表態，但卻又不願意說清楚、講明白。

如果真的問他：「這句話什麼意思？」他可能會回答：「沒有啊，你又來了，我很高興啊！」

這種模棱兩可、話中有話的說話方式最讓人氣得牙癢癢，完全沒有建設性。

我只能說，活了這把年紀，回頭看，我人生最大的學習是：幹嘛要故意惹人厭，好好說話不好嗎？好好表達意見，不是更清晰、更有建設性嗎？

尤其當你是一個組織領導者，就更要有高度自覺及自律，包括用字遣辭都要特別注意。例如對屬下說：「我每次找你，你都不在位子上……」對方可能會說：「不是喔，週三下午你找我，當時我不是在位子上嗎？」

就算不敢當主管面說這些，心裡也會犯嘀咕：「哪有，超誇張的，我明明昨天還看到你，你是瞎了嗎？」

記得了，當我們說「你每次都……」的時候，基本上是在找自己麻煩，因為我們不太可能記得每一次都怎麼樣。除非很有把握那是事實真相，否則只是給對方反將一軍的機會。

在職場上，如果能在溝通時非常明確表達觀察到的事實，也是一種工作效率的展現，如果能夠很清楚告訴對方，他就可以馬上做正確的回應。

我們很容易在敘述時，陷入籠統、不明確，或是回到舊有的模式，在學習非暴力溝通的過程中，必須不斷試著檢視自己的遣辭用句。

這個時候你可能才驚覺自己平常說話有多誇張、多不著邊際。

曾經有學員上了一天的非暴力溝通課程，回去後給男友傳簡訊，寫出來後，突然想到要用非暴力溝通模式來檢視一下，結果內容經過一再的刪除、刪除、刪除、修改，最後才認清自己並跟我分享說：「我發現我原來這麼暴力！」

聆聽自己的聲音，為自己的心念負責

也許有人看到這裡會想，天啊，那我到底要怎麼說話才好？

先別緊張，學習這套方法雖然需要一些時間，但是熟練之後，一定會對自己的話語更敏銳。倘若別人因為我們說過的話而生氣、不滿，我們也會有一套準則去找出問題的癥結，即便下一步是去道歉或是緩和情勢，也會知道可能是哪裡出了狀況，未來又該如何修正。

接著就讓我們來看看，怎樣說話是「帶有評論的觀察」，怎麼說才叫「不帶評論的觀察」。請參考附表，對照一下。受限於篇幅，表格中的例子只能做為學習的起步，大家也可以自己在生活中揣摩，再把揣摩的結果加入表格中。

帶有評論的觀察	**不帶評論的觀察**
你早上對我不理不睬的。	你早上出門沒有跟我說再見。
他是個大好人。	他每個月都固定捐錢給慈善團體。
你怎麼又遲到了？	這個星期你有兩天進公司時已超過上班時間。
你常常請假都不先打電話到公司說一聲。	早上十點，我沒有看到你進來辦公室，也沒有接到你請假的電話。

你就是看我不順眼。	昨天我聽到你說我很討人厭。
我觀察到你工作上有過度負荷的情形。	上個月你有十天都在加班。
你做事總是忘東忘西的。	我打了兩通電話給你，請你記得買蛋回家，你還是忘記。
小美很自私。	小美不願意借鉛筆給旁邊的同學。
你從來不關心我的感受。	早上跟你分享上班發生的事情，你在玩手機沒有回應我。
你很沒禮貌。	你早上進教室時，沒有跟我打招呼。

為別人貼標籤時，心裡真正想說的是什麼？

沒有人喜歡被貼標籤的感覺，即便我們自以為是褒獎或說好聽的話，對某些人來說很可能是心中最深的痛。

很長一段時間，我定期飛往大陸開課，課程至少三天，大家住在一起，熟識之後很容易敞開心胸分享真心話，畢竟平常生活中能聽我們說真話而且不批判的人真的少之又少。

他們分享的故事總是讓我聽了既心疼，又折服。有的是來自魚米之鄉的菁英家族，有的是來自窮鄉僻壤的市井小民，每個人的成長故事都讓我非常感動。只要讀過中國近代史的人，多少能體會要在競爭如此激烈的環境下成長，經歷的磨難，絕不是外人可以輕易想像的。

記得其中有一位母親，獨立撫養一個既天才又叛逆的兒子。先撇開她自己必須面對職場上廝殺的奮鬥史，單單為了照顧兒子的學業及教養問題，就得到處打聽、尋求幫助。看在大家眼裡，不得不讚嘆她驚人的鬥志與毅力。

就在課程結束之前，主辦單位整理了大家上課期間的照片，播出來做為課程回顧。很自然的，工作人員在每位學員的照片旁邊都加註了一個小標。這位媽媽的照片播放出來時，旁邊寫的是「堅強的〇玲玲」，當時我心裡小小喔喔了兩下，果不其然，最後分享道別詞的時候她說了：

當我看到「堅強」兩個字的時候，我是不舒服的，因為堅強表示辛苦。我好不容易從以前的埋怨、憤怒、焦慮中走出來，現在正在感受身為母親的幸福。我之所以不喜歡「堅強」兩個字套在我身上，是因為它意味著我命運的艱辛跟坎坷。這也是為什麼我平常不喜歡跟別人講我的故事，別人只會覺得我可憐，很難理解我現在倒吃甘蔗的心情。

我不希望別人用苦難來界定我曾經走過的人生。

我要說，現在的我欣然接受我的人生，也不覺得苦，我也跟很多人一樣，覺得自己是很有福氣的人。謝謝你們的關心！雖然我還在路上，但是我覺得我跟每個人一樣，都在用心過好每一天。

聽完她的話我非常感動，不只是我，在場所有的學員都為之動容。

她現在真的不覺得苦，當然也不需要用相對的堅強來做為她克服萬難的犒賞。堅強對她來說，意味著「可憐人才需要堅強」，因此這種解讀不是她想要的。

讀到這裡，是不是覺得，「天呀，那以後話要怎麼說才對？連讚美都要小心了？」說實在的，說話是一門藝術，後面的章節會談到讚賞、欣賞、感謝的心情要如何表達，才能讓聽的人感受到有溫度的連結。

別擔心，我們每個人在語言的使用上都有自己的慣性，不需要讓這些新學的理論綁住自己。就當我們只是願意花時間去認識語言的奧祕，等我們開始了解它的價值與意義之後，放心，它自然會變成一把幫助我們打開友好關係的金鑰匙。

還有，我們常常喜歡說某某人是個「大好人」，有人聽到這樣的形容，心裡可能會很無奈，也很不是滋味。因為我們都知道一個好過頭的人，常常要吃上「濫好人」的悶虧。

不信下次注意看看，當我們說哪一個人是「大好人」時，仔細瞧瞧自己心裡真正想說的是什麼？是揶揄？是覺得他常常受騙，被利用、被占便宜？是覺得他傻，還是衷心佩服他的為人？我們可以問問自己，心裡真正的意思是什麼。

如果能夠分辨出其中的差異，就不難想像對方也可能會產生不同的解讀。當然，背景不同、對象不同，感受可能都不一樣。我們只是藉著這樣的學習機會來檢視自己語意背後的意圖，同時體會當別人聽到這樣的認定或恭維時，可能引發的感受。

出場第一句話最重要，我說對了嗎？

在人與人的互動過程中，影響溝通品質的因素其實很多，專家研究（各方門派大同小異），人的肢體語言占百分之七十，口氣占百分之二十三，最後的百分之七才是說話內容。只占最小百分比的語言運用，看看我們身邊有幾個人及格？

雖然非暴力溝通看起來好像著重在語言的使用，但是在養成的過程中，很自然也會學到調整我們的口氣跟肢體語言。也就是說，只要我們肯學習，好好善用這百分之七的說話能力，之後也會影響到我們跟別人在不同層面的交流。

換句話說，我認為從非暴力溝通法切入，是一種簡單、有效、深遠、循序漸進的途徑。

放下情緒與批判的用語，開始學習「觀察」；使用觀察式的語言，平鋪直述；確實幫助自己擺脫「誰對誰錯」的指責；多一分冷靜，好好釐清事情的來龍去脈；引導自己為溝通的品質負起完全責任。

當我們專注於觀察，比較不會把焦點放在雙方的情緒上，而是會更認真思索到底是什麼事、哪一句話或哪一個動作，引發了我想要攻擊或引爆的心情？到底是眼前的事情讓我不開心，還是我心中本來就蘊藏著不滿？

當我們說「你每次都這樣」時，問問自己：「我到底在意的是哪一次你說了哪一句話？哪一件事？」這個時候，才能慢慢分辨自己到底是借題發揮，還是真的在意眼前發生的這件事。

希望這一堂課可以幫助你：誠實面對自己，了解自己到底為什麼生氣。對方是哪一天的什麼時候，說了哪一句話，或做了哪一件事？千萬不要用任何情緒性的字眼加油添醋，為了兩個人的美好未來，堅持單純的陳述事實，以免牽扯不必要的紛爭。

這是開口溝通之前，我們必須先做好的功課。

還有，記得了，兩人說出口的第一句話最重要，因為這句話的出場往往已經告訴我們結果會落在什麼地方。只要第一步的方向對了，合作性的友善溝通就在不遠處。

第3堂

感受

說出心裡話，讓我們自由

最近在網飛（Netflix）看到一部脫口秀，讓我印象深刻。主角是個印度人，他說他在高中的時候認識了一位白人女友，她常到自己家中一起做功課。有一天女友邀請他到她家去，進到女友家，女友媽媽很想多認識這位年輕人，於是問道：「我很了解我們家女兒，但是我不了解你，跟我們介紹一下你自己吧，你喜歡什麼？」

這位年輕人一時不知道怎麼回答，因為從小到大，從來沒有人問過他喜歡什麼，想了很久之後只能冒出兩個字：「吉他。」

接著他提到，回想自己的家庭，印象最深刻的就是一張爸爸抱著他的照片，照片裡洋溢著溫馨。他說：「你知道嗎？這張照片我爸爸看起來多麼慈愛，但我一想到他，腦海唯一出現的訊息就只有『史丹佛、史丹佛』。」

從小，只要他問爸爸：「爸，你喜歡什麼？」

爸爸嘴裡好像永遠只會冒出「史丹佛」。無論你問他什麼，答案都離不開這所世界頂尖學府。

看了這一個片段，我會心一笑。本來以為只有華人父母會這樣養小孩，仔細一想，也沒錯，美國頂尖實驗室裡最多的就是華人跟印度人，他們都是這樣被父母用心栽培出來的。

雖然大多數人的情感也許沒有像片中的印度家庭那麼壓抑，但相似的情節對華人來說並不陌生。父母總是替我們著想、為我們安排最好的人生，總要推著我們朝最有前途的方向前進。雖說是為我們好，長大之後我們也明白父母的苦心，然而問題卻出在父母師長很少真的關心我們的感受，也似乎不曾問起：「孩子，你喜歡什麼？」

就算問了，當孩子說出心中對某個領域的熱忱，如果跟父母的想法不一致，父母就會馬上糾正、遏止，深怕孩子選錯了方向、走錯路。

成長過程中，孩子最常聽到的就是：「你不要想那麼多，我都是為你好，你聽我的就對了！」

孩子，我想了解你！

我們常常說人跟人之間需要「互相了解」，言下之意為何？要了解什麼？什麼是了解？

我們先從感受說起吧！

台灣近年跟歐美國家一樣，開始有小丑醫生（Clown Doctors）進入醫院表演。這群受過專業訓練的小丑醫生演員，透過各種遊戲、音樂及表演藝術，幫助醫院裡的孩子打造一個充滿笑聲的想像世界，試圖為病患及家屬帶來溫暖，希望讓醫療環境不再冰冷。我有個朋友是台灣小丑醫生演員，有一次，一群朋友出去，我聽到他跟不到兩歲的兒子對話。

他幾次不經意地問起兒子的「感受」，例如：「你現在覺得怎麼樣？你的感受是什麼？」接著，他也一一回應，讓兒子知道他自己的感受。

「哇，」我很驚訝，立即脫口問他：「你從哪裡學來的？」我幾乎不曾看過哪個父親會在孩子身體沒有任何病痛或不舒服的情況下，重複問孩子這個問題。

他告訴我，小丑醫生演員有一套訓練方式，雖然他的本業是演員，但因為工作上的需要，他會在心理學上花功夫充實自己，畢竟醫院裡要面對那麼多病童，每次出現，他都希望能為醫院增添一點溫度。平常協會也會請心理學的老師來上課，而且每次工作完，他們彼此之間也會相互討論、檢討後續。

當他自己有了小孩，把平常工作上所學到的知識融入對孩子的教養上，就變成很自然的事了。

他發現在醫院裡，大多數的人都只關心病情、關心治療、關心是否能痊癒，幾乎很少人會把焦點放在人的感受上。依照他五年下來在醫院陪伴患者的經驗，他看到醫護人員無論是面對家屬或患者，甚至會刻意迴避去談論「感受」跟「心情」的相關話題，因為這個潘朵拉盒子一旦打開，總不能三言兩語就轉身離開。

因此，通常在醫院聽到的對話都很理性。

平常就算醫護人員問起：「今天感覺怎麼樣呀？」大家都知道指的是身體狀

況有沒有哪邊不舒服、哪邊痛，主要還是圍繞在生理上，而不是針對心理上的慰問。畢竟人都在醫院裡了，感受會好到哪去？

然而，他也感受到病人在醫院裡，需要關注的絕對不是只有病情，他們有感受，需要被看到、聽到、理解、安慰。因此，他慢慢看懂了，無論是工作人員、家屬或病患，在情感上都隱約畫出一道防線，盡可能迴避與情感有關的問題。而他也就在這壁壘分明之間，找到了一個有別於其他人，可以讓自己貢獻所長的地方：關心病友的「感受」，陪他們說話、聊天，問他們問題，提供小丑醫生溫暖的陪伴。

讀到這裡，我們可以明白：不同的職業會有不同特質的養成。我們也可以想一想：你的專業養成過程中，為你培養了哪些能力？建議你可以先從最擅長的部分開始，慢慢加強這項能力。

比如說，醫護人員在「觀察力」的養成上，要比一般人來得更精準、客觀、理性，因為任何誤差都會直接影響醫療上的判斷與結果；而一個好演員在「感受力」的培養上，也會比一般人更敏銳、細膩、深入，因為成功演員的關鍵就在於感受觀眾、感動觀眾及傾聽觀眾。

我這位朋友很用心的在培養一個有能力分辨自己感受的下一代，雖然只是簡單的一句「孩子，你有什麼感覺？」在我看來，卻是一句能提升人類意識的重要提醒。

試想，如果我們連自己的感受都模糊不清，又如何能真正了解別人的感受？還有，重頭戲來了：我發現當他聽到兒子說出自己的感受時，並沒有試圖去糾正孩子，更沒有去批評孩子的感受是錯的——這一點太重要了。

我們常常對人家說「我希望了解你」，但往往一不小心說著說著就變成了「我想要糾正你」！

難怪很多父母會說「我實在不了解我的孩子」。這時候我就會提醒這些父母，我們可能從來都沒有好好聽孩子把話說完。如果我們仔細聽、耐心聽、不插嘴，最後或許會有意想不到的結果。

感受與心情，沒有什麼好壞對錯之分，問題的癥結或許只是「耐心」二字吧！

很多父母跟孩子之間的衝突，都是因為沒有耐心聽孩子把話說完或說清楚。當父母自己沒有耐心，又如何期待孩子要有耐心呢？這種鬼打牆似的溝通，放眼望去在親子、夫妻之間比比皆是。

想改變，其實沒那麼難，就是花點時間把孩子、伴侶的感受聽進去，然後如實複述給對方聽，讓他知道你聽到了，這在親子、夫妻關係的培養上就已經非常滋養了。

打造一個讓孩子放心與父母自在相處的環境

一位有兩個學齡小孩的父親，在課堂上問我：「要如何跟自己讀國中的孩子溝通？」

我說，想像一下，假如你身旁這位女學員告訴我，她遇到嚴重的婆媳衝突，很沮喪、很難受，接著我開始跟她講道理，對她曉以大義說：「你婆婆這樣算不錯啦，你不應該這樣想，你怎麼會有這種想法呢？這是不對的……」你覺得，她下次還會不會再跟我分享她沮喪、難受的心情呢？

這位父親恍然大悟：「當然不會！因為你完全沒有幫上忙，只是在數落她，暗指她身在福中不知福，不知感恩。」

正是如此。孩子想不想跟我們說實話，願不願意跟我們分享感受與心情，要看我們平常的表現。如果我們總是動不動就糾正孩子的說法，只要一有機會就想要扭轉孩子的感受，喜歡義正詞嚴的大講道理，孩子們就一定不會把自己的心敞開來，讓我們走進去。

想想看，當我們一邊要求孩子對我們「說實話」，然後當孩子講了實話之後，我們又說：「你不能這樣想，你這個人就是太計較了，這樣的心態不對……」他聽了只會更加氣急敗壞，甚至還得為自己的感受辯駁、平反一番。本來，要孩子講出讓自己不舒服的事情，可能就已經滿腹委屈，甚至覺得羞愧極了，如果這時父母再去譴責他，只會讓他覺得更灰心氣餒，以後就乾脆選擇不說。

而且，事情不會到此為止。等孩子慢慢長大，有了自己的想法以後，也會用同樣的方式來教訓我們，到時候我們也會乾脆把話吞放在心裡，懶得說了。

身為父母的我們都一樣，不僅需要學習傾聽，而且聽完之後，也不要急於想改變孩子，而是要練習去關心他們的感受，對他們的心情好奇，讓他們覺得可以放心對父母坦誠，說出內心真實的聲音。

我們可以試著跟孩子這樣說話：

你還好嗎？

是不是很挫折？是不是很難過？

換成是我，我也會很沮喪！

我猜你一定很擔心吧？

是不是很灰心？是不是很焦慮……

以上這些語言，都能協助孩子釐清自己的感受。

接下來，也許你可以再接著問：

「我能為你做些什麼？」

放心，問這樣的問題並不是要你當那種有求必應的直升機父母，而是在幫助孩子思考自己的需要（關於需要，下一章會有更深入的探討）。

除非父母曾經上過這類親子溝通的課程、看過這方面的書，也確切做過練習，深刻明白讓孩子抒發感受的重要性，否則一般父母光是忙於生計都已經分身乏術了，根本無暇顧及孩子感受層面的成長。

事實上，父母也不完全是不關心孩子，而是許多父母對於自己的負面感受，內心也充滿著許多批判。他們會覺得，自己心中有負面感受是不健康、不對的，甚至認為這是讓自己不快樂的元凶，一心只想扼殺它、摧毀它，避之唯恐不及，誰還想理會它？

親子之間的溝通，說穿了就像照鏡子一樣，映照著我們自己的心境。只要我們肯花時間仔細探索，就可輕易發現：最大的收益將是更加了解自己。

親子關係需要花很多時間培養，耐心對話。父母需要學習聆聽，願意接受挑戰，接受彼此不同的觀點。在交流中彼此騰出空間，以友善的頻率振動，即使觀點不同，也要讓對方在情感上感受到彼此是同一陣線上的夥伴。

家庭團隊的建立很重要，一旦具備這樣的情誼，以後不管孩子碰到什麼困難，很自然就會想要找父母商量。

打造一個環境，讓孩子碰到困難不怕會被指責、評斷，反而能從父母身上感受到支持，成為此生的盟友。這是在親子溝通上，父母最需要學習的重要課題。

表達感受，發現自己內心真正的渴望

從小時候開始，無論是在學校或家裡，我們的感受通常不被重視。大人會告訴我們，心裡怎麼想不重要，有什麼感受不重要，重要的是腦袋要好，要會思考、會讀書。造成的結果是，我們往往比較在乎別人怎麼想，而不是自己內心的聲音。因此，對大多數人來說，感受是非常陌生的。

這也正是為什麼長大之後，許多人不知道如何表達感受。越是理性的人，越不會碰觸到感受的議題。心裡最常出現的聲音是：難過有什麼用？哭有什麼用？說了有什麼用？解決問題更重要。

有一次在分享會即將結束時，我請學員說說當天自己的感受。輪到一位女學員的時候，她似乎沒有辦法表達自己的感受。

「三個小時下來，你感覺如何？」我問她。

看看坐在一旁的先生，再看看我，她說：「老公必須在外地上班，所以現在除了夫妻面臨遠距相處的問題，我是開心的。」

我說：「這是你第一次參加這樣的聚會，你覺得怎麼樣？」

「我是來分享親子關係的，大家說的那些問題，在我身上好像沒有發生，我知道自己要什麼……」

「有沒有哪一個人的分享，觸動了你？」

「你的意思是說，對我有什麼幫助嗎？我聽到了大家的狀況，不過別人有的問題，我都沒有，滿幸運的。」

「老公讓我很自由，我的感受是今天不用顧慮太多事情，親子關係想清楚了都可以得到解決……」

我謝謝她，沒有再問下去。

這位學員比較特別，這一天她之所以出現在我的工作室，是在家人多番鼓勵下才來的。這個時候，要在眾人面前表達自己真實的感受，真的很不容易。

多年下來，我偶爾會遇到類似的案例，也就是由家人強烈說服來參加這類的活動。

我猜想，他們的真實感受也許是：「我超不爽！為什麼硬要我來？」「是怎樣，覺得我有問題，需要改變嗎？」「其實我很好，我沒有問題！我的事情我都能自己搞定，有問題的是他們，不是我！」「要我改，有沒有搞錯？你們才需要改變！」……

我必須再強調一次，**人們並不抗拒改變，人們抗拒的是被改變**。

我們之所以要學習溝通方法，其中一個很大的因素就在這裡：如何從認為「別人需要改變」的說話模式，轉換成「為了打造更好的未來，我們一起做些調整」。

我把焦點從她身上移開，告訴在場的學員：「我在身心靈領域研究了三、四十年，從第一天上課就在學習感受。現在即便在美國哈佛大學甘迺迪政府學院（John F. Kennedy School of Government）上課，討論的主題是公共政策的推動，但其實研究的重點還是人的感受。因為人如果沒有感受，就無法了解什麼是同理心，什麼是共情。」

一般人不太願意談感受，還有另一個原因：感受通常涉及揭露人性脆弱的一面。每個人都有這一面，但很少人願意承認。即便是看似開朗、開明、自在的西方人，也很難做到展現自己的脆弱，例如承認自己的無力感，尤其當牽涉到個人內心深處的傷疤時，更是不易開口。

就算是傷痕累累，也必須在別人面前硬撐，因為我做的所有努力就是為了好強，如今我怎麼可能自揭瘡疤讓別人看笑話！

然而，感受是我們跟別人建立連結非常重要的元素。在非暴力溝通裡，感受是非常重要的一環。當我們熟悉了前一堂課所談的「觀察」之後，接下來就要學習「感受」。

這裡所說的感受，指的是我們內心的感覺，有些是負面的，但有些是正面的。例如，參加比賽獲得好成績，感受是「激動」、「熱血」，或是「自信」；收到好友的禮物，感受是「溫暖」、「感激」，或是「靦腆」。接下來，這堂關於「感受」的練習，目標是協助我們找出內心真正的感覺。

要特別注意的是，這裡強調的感受，不是指我們對**別人**言語或行為的評價，而是我們對於**自己**內心狀態的陳述。例如「我覺得寂寞」，這是我自己內心的狀態；「我覺得你對我冷漠」，這是對別人行為的評斷，兩者完全不同。

為什麼了解感受這麼重要？因為唯有透過摸索出自己內心的聲音，才能更篤定明白自己內心的需求，進而釐清我有什麼需求需要被滿足。

換句話說，一個無法分辨自己感受的人，也不容易知道自己要什麼；一個無法理解內心感受的人，也很難了解別人的感受與需求。

我很好，但到底怎樣好？我很糟，到底有多糟？

剛開始練習說出感受的時候，很多人容易混淆感受的意思。為了協助釐清，我特別依據盧森堡與學生之間的論述，整理出一些常見的詞彙，幫助我們較清楚地表達出自己的感受（另外在本章結束之處，也特別附上一份由「非暴力溝通中心」〔CNVC〕提供的詞彙清單，這份清單是許多入門者很好的指南）：

例如，當你感覺心情很好時，可以進一步想想是「興奮」、「愉快」、「滿足」或「感動」，而非只是籠統的說「心情很好」。

反之，心情不好、不滿時，可以更進一步釐清是「悲傷」、「生氣」、「失望」或是「痛苦」，而不是模糊的表達「心情不好」。

感受與需要的關係相當緊密，簡單來說就是：

當我的需要被滿足的時候，就會產生正面的感受；當我的需要沒有被滿足的時候，就會產生負面的感受。就這麼簡單。

正向感受（需要獲得滿足時）：

高興、興奮、喜悅、開心、樂觀、強壯、滿足、愉快、放心、感動、自豪、平靜、滿意、安心、輕鬆、清晰、友善、溫暖、溫柔、沉著、感恩、好玩、愛冒險、有靈感、有信心、全神貫注、無憂無慮、熱情奔放、受到鼓舞、滿懷希望、興高采烈、生氣蓬勃、充滿活力、充滿愛意。

負面感受（需要未獲得滿足時）：

寂寞、生氣、沮喪、冷漠、悲痛、疏離、失望、悲傷、惱怒、沉重、擔心、氣餒、痛苦、疲憊、懷疑、憂鬱、尷尬、沉痛、受傷、灰心、無助、不安、煩亂、緊張、恐懼、焦慮、悲觀、惱火、煩躁、厭惡、不舒服、無精打彩、不知所措、驚恐莫名、筋疲力盡、不堪重負。

接下來你也許會發現，即便有這張詞彙表的協助，剛開始的時候還是未必能每一次都清楚描述自己的感受。很多時候，我們甚至會偷偷夾帶對別人的批判，把批判變成感受。

舉幾個常見的例子，就能明白。想一想，這些話是不是感受——

我覺得你在生氣

我覺得你很煩

我覺得你不愛我
我感覺他沒有尊重我
我感覺你都不在意我
我有種被你拒絕的感覺
我覺得你似乎不關心我
我覺得你很討人厭，這就是我的感覺

答案：以上這些都不是感受，而是對別人的評斷。

有沒有發現，雖然以上的句子是以「我覺得」為開頭，但描述的對象都是「別人」。這種在「覺得」後面加上「你」、「他」、「他們」等字眼的說法，只是對別人行為的評斷，仍然沒有清楚表達出自己的感受。原因很簡單：因為我們不可能替他人有感覺，我們只能感覺自己的情緒，這是我們在使用這些語句時最容易產生的混淆。

那麼，差別在哪裡呢？

我們可以更仔細看看，當我說「我覺得你在生氣」的時候，我並沒有說出任何關於我心裡的感受，而我說出來的只是對你的評斷。

為什麼？

請回頭看看前面所說的每一句話，都不是感受，而是認知、猜測及評斷。整句話更確切的說法是：「我『認為』你在生氣。」我們平常在「覺得」兩個字背後，影射了太多批評而不自知。難怪很多時候我們會聽別人說：「我只是在表達我的感受，你幹嘛那麼生氣？你不是要我說出我的感受嗎？」

這時候，我真希望你跟我一樣有醍醐灌頂的感受。

是的，這就是我們在溝通上最容易擦槍走火的地方。

我們來看看，「我覺得你在生氣」這句話的背後，真正的感覺是什麼？

看到對方橫眉豎眼，我的感覺可能是「無助」、「擔心」、「害怕」、「不知所措」，或是「焦慮」，這才比較貼近我的感受。

還有，我們常常說要誠實面對自己，也要如實溝通，結果，嘴裡就直接冒出來：「我老實告訴你，你根本是個混帳東西！」

啊呀呀，這就是亂用語言的結果，災難就是這樣發生的。切記，誠實表達不是這樣用的啦。

容我再強調一次：感受是非常個人的，是我們自己的。就像我不可能「感受」到你的癢，我只能「認為」你可能在癢……是一樣的。

「我生氣」＝感受

「我感覺你在生氣」＝「我認為你在生氣」＝評斷

隱藏感受，因為害怕示弱

有一次，一位已經跟先生不太溝通的女學員，焦急地來問我該如何挽救她的婚姻。

她說，前幾天先生出門時，她問先生要去哪裡，但先生的回應卻是：「你為什麼問？我就是出去一下而已。」

這讓她非常挫折，既然只是出去一下而已，為什麼不跟妻子說一下自己要去哪呢？

兩人之間常常都是這樣的對話。

我問她：「那你都怎麼回答？」

她說：「我就回說：『沒什麼呀，就問一下你要去哪裡，幾點回來。』有時候他出門的時間，接近吃晚餐的時段。」

也許她可以試著用不同的回應方式。例如，當先生說：「你為什麼問？」她可以像這樣回答：

「因為我關心你，我很在意我們兩個人的關係。我想知道你幾點回來，這樣我就知道大約幾點做飯，希望當你回來的時候，飯菜都是熱騰騰的。」

我問她，如果這樣說有沒有違背她的意思。她搖搖頭。

我接著問：「你從來沒有對先生這樣說過嗎？」學員若有所思的搖搖頭。

「想想看，如果角色互換，當你要出門，聽到我剛剛的說法，你會有什麼感覺？會不會有多一點的連結，多多少少有一種溫暖的感覺？」

我相信，很多讀者對於這種情況應該不陌生。在很多夫妻關係中，如實說出自己的感受就像在示弱，因此誰也不想先開口，告訴對方自己心中真正的感受，說出自己真正的需求。比方說，「我關心你」這句話，我們通常會覺得是一種向對方示弱的說法，所以不願意輕易表達出來。正因為不想直接表達關心，於是衍生出一些不帶感情的語詞，久而久之，夫妻之間就只用冷冷的語言溝通了。

關於這點，有位學員表示，自己之所以無法對妻子開口說出真實感受，是害怕妻子冷漠的回應。他怕說了反而讓自己更難受，選擇不說就不會受傷。

我告訴他，在親密關係裡面，顯現自己的脆弱是非常重要的，只是我們需要勇敢一點，才有勇氣這麼做。

假使我說話時，另一半射了冷箭過來，我也會告訴對方：「當我這麼有誠意地為我們的關係做努力時，你怎麼捨得用這樣的字眼回應我？」

或許有些人會覺得，都老夫老妻了，講這種瓊瑤式的對白很肉麻，但你想想看，相較於兩人之間感情漸漸麻痺的「心麻」，肉麻一點有什麼關係？

如果再進階到非暴力溝通的方式，也可以這麼說：

「當我聽到你說……的時候，我非常難過。因為我很重視我們的婚姻，願意告訴你我心裡真實的感受。所以當我說我真的關心你的時候，你能不能把我說的話放在心上，先不要用……的方式回我好嗎？」

邁出「願意嘗試」的第一步

對於表達感受，常常有學員會說：「老師，這樣做好難哦！」是不容易，不過總要開始邁出第一步，我們要先知道問題出在哪裡，接下來有一輩子的時間去練習。

很多女學員表示，要柔軟的說出自己內心感受好難，那我們就更可以了解這件事對男生來說，是如何困難了。

大部分的男人非常不容易察覺自己的感受，我先生就是這樣，他們的感受就是比女人遲鈍。不是因為他們資質比較差，而是在他們的養成教育中，並不鼓勵男生細膩或示弱。對男人來說，人生最重要的是發憤圖強、努力工作。

一路走來，我看到不少學員從一開始不太能談論自己的問題，到後來願意在課堂上跟大家分享經驗，尤其是男性學員，他們要跨出很大的這一步，非常非常不容易，但也絕非不可能。

說到這裡，我還要提出一點，即便到今天這種情況還是沒有改善：如果一個男生多愁善感，很容易會被說成「娘娘腔，不像個男人」。不要說是社會氛圍如此，很可能家裡的男性也是這樣被要求的。

也許現在說出感受還不太容易，也不太習慣，沒關係，第一步可以從「願意嘗試」開始。總之，如果發現自己又落入講道理的模式，就學著加幾句心裡面的真實感受，試試看吧！

誰說感受不能帶進職場？

有一位學員是一家大企業的高階主管，她回到公司後，開始跟員工談感受、需要，結果大老闆直接就告訴她，不用跟下面的人講這麼多，只要下令叫他們做事就好，在公司裡不必講感情，公司重視的是效率。

但是，無論是國際頂尖教練馬歇爾·葛史密斯（Marshall Goldsmith），或是美國哈佛大學課程，我從每個老師身上學到的，領導力絕不是用命令的方式來展現——這正是優秀的領導者，與平庸的經理人之間最大的差異。

在職場上，任何人都不需要害怕表達真實的感受，因為有些時候，顯現情感也是紓解彼此壓力的方式。有些學員在課堂上說到傷心處，會不由自主紅了眼眶，而事實上，這同時也在紓解在座其他學員的壓力。每個人在生活上，面臨的都是大同小異的問題，只是我們都各自硬撐著，一旦有人展現出脆弱、柔軟，等於在幫助每一個人學習如何讓自己更勇敢。

人與人之間的情感交流並沒有問題，如果到現在仍覺得職場上要嚴格管理情緒才算專業，很可能是我們把情緒化、抱怨與表達感受混為一談了。

有一位學員是某家高科技公司的中階主管，非常優秀，工作能力也很強。她的主管因為很信任她，所有工作都非要她親自經手不可，雖然感受到主管的賞識，但是她已經忙到筋疲力竭，也跟主管報備過很多次人手不足的問題。不過，只要是主管交代下來的事，再困難，她還是一樣使命必達。

這一次，她向我求救了。「老師，我胃痛，每天都睡不好，壓力好大！」

我說：「你要不要明天上班再跟主管說清楚，表達你真的很焦慮、擔心。如果他再不找其他人手，遲早會出亂子，後果你也承擔不起。」

我再次確認這是不是她真實的狀態，她說：「對，沒錯！」

一個星期後，她笑咪咪走進教室，看起來輕鬆許多。她說，當她把話跟主管說完之後，主管立刻找了其他部門的人來幫她，她覺得簡直太神奇了，而且她也沒有矮人一截的感覺。這次的突破，讓她超有成就感，也發現原來跟主管溝通並沒有想像中那麼困難。

她仰起頭看看天花板說：「奇怪，以前為什麼說了沒用？」

我說：「可能是因為你以前並沒有重視自己的感受及需要。就算跟主管反應，你語意的含糊可能讓他認為你還有承擔壓力的空間。最後當你說出承擔不起後果的時候，萬一真的出問題，壓力就會回到他身上。」

重點在於話要說清楚講明白，而不是半推半就、欲言又止。

相對來說，西方社會就比較鼓勵人們說出自己內心的感受，台灣還沒有這種習慣，尤其在職場上，一般人不太知道該如何明確表達自己真實的感受與需要。

這樣的對話方式，沒有抱怨、沒有推卸責任，這位女學員只是如實說出自己的焦慮而已。

顯現自己的脆弱，其實不是負面、消極的行為，反而是一種正面、積極的做法。職場上的溝通模式，如果可以運用非暴力溝通所強調的說出真實的感受，應該可以減少很多管理上的問題。

除此之外，我們也常會抱怨主管不懂得鼓勵、吝於讚美、很少有笑容，或許怒氣會表達，卻喜不形於色。對於這類主管，多數人都退避三舍。然而，別以為只有主管如此，說不定我們自己也有類似的傾向。很多人無論是求學時或出社會，往往連快樂也無法表達出來。其實，我們壓抑的不只是哀傷，就連快樂、幸福，也被我們壓抑著。

所謂的表達感受，並不是說開心時一定要引吭高歌、手舞足蹈，難過時非得愁眉苦臉、咬牙切齒。不是的，我們要的是能夠很理性的表達，因為我們有足夠的勇氣去呈現自己，不卑不亢。

不急著說話，也是一種溝通方式

有些人在職場上不太表達自己的真正感受，原因還有一個：不想被二度傷害。想像一下，假如我跑去跟某個同事說：「我現在真的很火大！」對方會怎麼回應？

通常他可能會開始勸我，要我別發火。

可是，說真的，他真的需要勸我嗎？我真的需要他勸嗎？

我真正的需求是找人發洩發洩，他勸我幹嘛？

我被欺負已經夠嘔了，還不能生氣？生氣也不對？氣氣氣死我了！

要知道，他的勸固然是出於一片好意，但也可能在無意中扭曲了我的想法。在非暴力溝通裡，「勸」並不是一個好方法。

也難怪有些人在生氣時，會乾脆說：「我現在真的很火大！不要跟我說話，我坐一下就沒事了。」省得你來囉嗦。

在我剛接觸非暴力溝通的時候，發生了一件有趣的事。有兩個女生在交談，其中一位正在抱怨團體中的某個人，聽起來她是真的不吐不快。我在旁邊聽了本來想勸她，但是仔細想了想，知道勸不是最好的方式，因為人之所以想勸別人，就是覺得對方需要矯正，不是嗎？於是我所做的，就是站在那裡聽她的感受，猜她的需求。

聽了一會兒，我默默走開了。

即便我教身心靈課程多年，但是聽了幾分鐘後，我卻什麼話都說不出口，因為我聽不出對方有什麼需求。然後我慢慢懂了，她需要的就是有人聽她訴苦、聽她抱怨。我也發現，單單站在那裡聽她說，就已經滿足她的需求了。

不急著說話也是一種溝通方式，這是剛開始學習非暴力溝通的一個有趣經驗。「勸」不是最好的方式，反而認真聆聽往往會有出人意料的效果。這種方式比起勸，最起碼沒有否認她，讓她覺得自己有什麼不對的地方。

雖然我對這個新體驗還有一點陌生，但結果還挺令我滿意的。

無論對方怎麼說，都是快樂與甜蜜

有位學員上過非暴力溝通課程後，回來分享自己如何表達感受。他說，當朋友問他為什麼傳的訊息常常已讀不回，他回答：「對不起，我比較自私，我當時太累了，所以讀完訊息就沒有回……」

我想特別說明的是，在馬歇爾・盧森堡的論述裡，說出心裡的感受是無罪的，不需要加入詆毀自己的言語，像是「自私」、「無情」、「冷漠」等等。需要休息就是需要休息，沒有回訊就是沒有回訊，與是否自私、無情、冷漠都沒關係。

另外必須釐清的一點是，有時候對方問：「你為什麼不回訊？」通常有兩個含意，一是可能真的在指責你，一是單純想知道原因。但是，有時我們會因為自己過意不去，就誤以為對方在指責，也可能是因為我們自尊心太強，總想著別人會來嘮叨、批評，但其實，對方壓根就沒有這樣的意思。

就像前陣子 Bob 對我說：「今天早上我又清理了狗狗的兩泡尿。」這話我也可以有兩種解讀：一是他在抱怨清理狗狗的屎尿，二是單純的描述他清理了狗狗的屎尿。如果我採取第一種解讀方式，那麼我的腦子就會有一股聲音：「哼，又在抱怨，清理一下有什麼關係，我還不是一天到晚在處理，我也沒有每次都跟你講啊。」

如果我用非暴力溝通的方法來看這件事，我就會先設想他的「需求」是什麼。這時我就發現，他是需要我的肯定，是要讓我知道他也在幫忙，也在清理狗狗的屎尿。於是，我就回他說：「老公，好厲害喔！謝謝你！太愛你了，我好幸福喔！如果你每天早上都可以先幫忙清理狗大便，那就太好了，哈哈。」

聽起來，是不是陽光多了？接下來，就可以展開親密關係裡的打情罵俏。重點是：要對另一半有信心，不要總想著對方都是在抱怨，把對方看低了。而當我大聲讚美與感謝他時，也不需要貶低自己，自責說自己怎麼沒有先動手把狗盆清理乾淨。

讚賞他，讓他感受到我的喜悅，這一切都是因為我很重視兩人的關係，所以我要讓對方知道我心存感激。

這樣的思維可以運用在很多情境，例如訊息已讀不回、打電話給對方卻沒人接聽等等。這些情況，往往容易衍生出一些不必要的懷疑與口角。但其實，只要把問題釐清，然後告訴對方自己的感受即可。最可怕的，是去聽信自己腦子裡面那些讓我們信以為真的負面聲音。

當我們願意有意識地細聽對方的感受時，將會發現，無論接下來對方怎麼說，都能帶來歡樂與甜蜜。

對了，猜猜後來 Bob 怎麼回我？

他說：「No.」

描述「感受」的語詞

以下是我們想表達情緒狀態和身體感覺的組合時，所使用的語詞。這份清單並不詳盡，而且可以修改。它是一個起點，用來支持任何想要深化「自我發現」，以及促進人與人之間更多了解與連結的人。

清單分為兩個部分：當我們的需要得到滿足時，我們可能會有的感受；以及當我們的需要沒有得到滿足時，我們可能會有的感受。

當需要被滿足時的感受

充滿感情

慈悲　友善　有愛的　敞開心胸　同情　憐憫　溫柔　溫情

自信

充滿力量　開放　自豪　安全　有安全感

投入感

全神貫注　警覺　好奇　專心　著迷　入神　引起興趣　熱中　引發好奇

受刺激

受到啟發

驚奇　敬畏　不可思議

興奮

充滿活力　感到驚奇　活潑　熱烈的　激動　驚訝　眼花撩亂的　渴望的

精力旺盛　熱心的　飄飄然　有生命力　受到鼓舞　熱情

振奮

充滿喜悅　愉快的　欣喜若狂　興高采烈　生氣勃勃　高興的　容光煥發

狂喜　極為激動的

感恩

悅納　感動　感激　溫暖

感到有希望

期待的　受激勵的　樂觀

喜悅

欣喜　愉悅　快樂　喜氣洋洋的　開心　被逗樂的

恢復精神

清醒　充滿能量　生氣盎然　精神飽滿　再現活力　充分休息的　充電的

重新振作

平靜

冷靜　舒適　穩定　滿意　鎮定　知足　圓融　安靜　放鬆　放心　滿足

安詳　沉靜　寧靜的　信任的

當需要未被滿足時的感受

害怕

擔心　畏懼　有不祥預感　受驚的　多疑的　驚慌　目瞪口呆　嚇壞的　恐

怖　小心翼翼的　惴惴不安

惱怒
沮喪　不高興　不開心　不悅　被激怒　感到挫折　不耐煩　怨怒　厭煩
生氣
激怒的　暴怒　氣憤　憤慨　不安　憤怒　氣餒　焦慮　急躁
反感
仇恨　驚駭　輕蔑　噁心的　不喜歡　討厭　驚悚　有敵意的　被拒絕的
怨恨
困惑
矛盾　受挫　困惑　茫然　猶豫　失落　迷惘　不解　舉棋不定
疏遠
冷漠　無感　冷淡　無聊　疏離　有距離感　分心　不帶情感　漠不關心
麻木　抽離　不感興趣　封閉　退縮
憂慮
不安　驚恐　混亂的　煩擾的　忐忑　緊繃　慌亂　焦急　震驚　受驚嚇
詫異　為難　騷動不安

尷尬
羞愧　懊惱　慌張　內疚　窘迫　不自在

疲勞
累　筋疲力竭　耗弱　疲憊　昏昏欲睡　消耗殆盡　無精打彩　疲乏　有氣無力　厭倦　心力交瘁

痛苦
悲痛　痛苦煎熬　失親的痛苦　感受極大打擊　哀痛　傷心　受傷的　孤單
悲慘　遺憾　悔恨

悲傷
心碎　抑鬱　氣餒　絕望　喪氣　鬱悶　失望　灰心　沮喪　憂鬱　心情沉重　無望的　不快樂　可憐

緊張
焦慮　緊繃　焦躁　苦惱　煩躁　易怒的　躁動　戰戰兢兢的　惶惶不安
不勝負荷　靜不下來

脆弱

易受傷的　提防的　無助　沒有安全感　懷有戒心的　態度保留的　戰慄難安的　敏感

渴望

羨慕　嫉妒　亟欲得到的　讓人懷念的　憂思難安的　懊悔　留戀

（資料來源：CNVC.ORG）

第 4 堂

需要

發現內心渴望，找到滿足點

有一段時間，我跟 Bob 沒事就去書店閒逛，這是我們生活中很大的樂趣。一個週末午後，我們兩個人走到民族東路的敦煌書局，買完書，結完帳，推著門正準備往外走的時候，迎面跑來了一對小兄弟。弟弟興高采烈的跟在哥哥屁股後頭，搖頭晃腦說著：「我要買書包……」接下來有趣了，沒想到他那大約七、八歲的哥哥回了他一句：

「你是需要，還是想要？」

我聽了忍不住噗哧笑了出來，心想，什麼樣的父母會教出這麼可愛的小孩呢？抬頭一看，後面跟著一位戴眼鏡的年輕爸爸，我們眼神交會、點了個頭，彼此會心一笑，相信這位父親已經感受到發自我內心的賞識：好樣的！

孩子這麼小就知道要釐清自己的「需要」跟「想要」，真不簡單。通常無論是青少年、青年或甚至大人，都不一定明白這之間的差異。

然而，小哥哥在這裡說的「需要」雖然堪稱精闢，卻與盧森堡博士在非暴力溝通裡說的「需要」大不相同。

哪裡不同？

哥哥問的需要，指的是我們在日常生活上的必要用品，而盧森堡提到的需要，則是人類共通的基本需求，這一點必須先釐清，接下來才不會混淆。

盧森堡指的是：我們每一個人活在世界上，任何時刻都有需要（needs），例如為了生存，我們都「需要」水分、「需要」營養、「需要」睡眠，為了更好的生活，我們也「需要」一個遮風避雨的地方、「需要」有三五好友等等。

在非暴力溝通邏輯裡，「需要」不只是這些基本的維生條件，還包括了許多比較抽象的，例如我們所信奉的價值觀、對未來美好生活的期待等等。我們「需要」慶祝、「需要」哀悼、「需要」親密關係、「需要」獨立思考、「需要」相互依存等等。

這裡我再說明一下：通常在中文的使用上，我們很習慣說「需求」兩個字，換句話說，就是把「需要」跟「請求」混為一談，然而在非暴力溝通的學習上來說，這是兩件不同的事情。

盧森堡認為，每個人在不同的時間點上，「需要」都不盡相同，由於我們幾乎不曾意識到這些細節，因此也未必能明確表達。一旦學會了掌握自己的「需要」，人生將會大大不同：

首先，我們會活得更有自信，對自己更滿意。

其次，我們會更容易理解別人的需要，也更有能力幫助別人滿足他的需要。

相反的，當一個人對於自己的需要不夠理解，就會處於一種對生活不滿足、對別人不滿意的狀態。

盧森堡發現，常常抱怨東抱怨西的人，往往是因為無法清楚自己的需要。因為，這樣的人通常也不知道該用什麼樣的方法，來改善自己的生活。

我是自己世界的主導者，沒有任何受害情節參與其中

自從聽了盧森堡的論述，我積極探究其中的道理，培養自己有事沒事就問：

「我現在有什麼需要？」

結果發現，我的確隨時隨地都有需求，只是以前從來沒有用這樣的角度思考過：原來，生命自始至終都在尋求滿足。

比如說：

一早醒來，下床走動；渴了，喝水；餓了，吃東西；吃飽了，起身走動，這些都在滿足我「健康」上的需要；下午一點半，跟孩子通電話，滿足我「歸屬感」的需要；三點，開始工作，滿足我「挑戰」的需要；五點，打電話給老公，滿足我「相互依存」的需要；六點，看影集，滿足我「娛樂」的需要；八點，上網授課，滿足我「分享」的需要；十點，上網找資料，滿足我「學習」的需要；十一點，上床，滿足我……，就不多說了。

當我以這樣的方式來看待自己的時候，才發現原來我一直是自己世界的主導者，幾乎沒有任何受害情節參與其中，因為我所有行為的背後，都是為了滿足我自己的某種需要。

而行為——我們所採用的方式——就是為了滿足需要所採取的「策略」。

比如說，我在家裡煮飯的行為，是在滿足我對家人「關懷」的需要。如果家人臨時不回來吃飯，我根本不需要氣餒，因為煮飯是為了滿足我自己對「關懷」的需要跟重視。如果我生氣了，我就問自己：「我有什麼需要沒有獲得滿足？」

這個時候，答案也許是「我有『信任』的需要」。

與其在家人回家時把他臭罵一頓，倒不如試著用這樣的方式表達：

「今天早上出門的時候，你說晚上六點要回家吃飯，當我看到七點你還沒有到家，也沒有一通電話或簡訊時，我生氣了。因為我需要『信任』，我很重視你說過的話……」

這時我們可能會想：「幹嘛講那麼多？好麻煩！跟家人說話需要這樣嗎？」

讓我告訴你：「是！就是這麼麻煩！」之所以覺得麻煩，是因為我們對於這樣的表達非常不在行、不熟悉，熟練了以後就會變成修養了。

「可是這樣就不像我了！」有人也許會這麼說。

如果常常跟身邊的人發生衝突、讓彼此不舒服、跟人有疙瘩，就是你想要的生活模式，那當然就不需要改變。相反的，如果希望在跟人相處的時候有更好的品質，想必我們都需要有更好的對策才行。

而「好好說話」，就是一種可以改善人際關係最簡單的策略。

仔細聽：批評，隱藏著我未滿足的需要……

很可惜，大多數人並不習慣從「需要」的角度來開啟溝通大門。在需要沒有獲得滿足時，我們往往傾向於把箭頭指向對方的行為：

當家人沒有依照原來的承諾回家吃飯，幾次之後，不假思索的我們通常會說：「你這個人就是這麼沒有信用，說話不算話……你把我當什麼？傭人嗎？你根本就沒有把我放在眼裡……你這個樣子怎麼做孩子的榜樣……你跟你爸爸一個樣子……」這就是我所謂的爛策略，也是盧森堡博士所指的「豺狼語言」。

「對他人的批評，其實間接表達了我們尚未滿足的需要。」盧森堡博士說。

說穿了，一個常常抱怨先生早出晚歸的妻子，很可能心中非常需要「分享」；一個對妻子怨嘆「你就是看我不順眼」的先生，很可能需要「溫暖」；老在批評主管的員工，或許需要「溝通」；常常罵員工笨的主管，強烈需要的是「清晰」。

生活中類似的例子太多了，明明心裡有所盼望、有某種需要，希望獲得滿足，但是卻沒有辦法具體告訴身邊的人（或許自己也沒搞清楚），只能迂迴的透過對別人、對環境的批判，來表達自己內心的渴望。

這類情形都有一個共同點：用批評取代期待，以攻擊取代需要與請求。

要知道，這種方式所得到的結果，往往適得其反。

道理不難理解。當透過批判別人來表達自己的看法時，往往容易換來對方的反擊與辯解。例如，當我們指責對方：「你每天早出晚歸，是把家裡當旅館嗎？」這時候想都想得到，對方絕對不可能在第一時間回頭檢討自己、馬上認錯，而是直接啟動自我防衛機制，回嗆：「我哪有？我是辛苦工作養家，你到底懂不懂？你自己呢？又好到哪裡去……」別以為這種對話只會出現在八點檔的肥皂劇，實際上，這種場景在夫妻相處上非常普遍。

盧森堡建議我們，應該避免用批判的方式表達自己的想法，因為這麼做只會招來反擊；相反的，當我們釐清了自己內心深處的需要，並坦誠告訴對方，對方也比較有可能做出正面回應。

親愛的，我要的只是尊重

在我多年從事心理諮商的過程中，發現很多人最常見的「需要」之一，是尊重。可是往往也因為無法明確理解、坦承自己有這樣的需要，而造成夫妻、兄弟、親子、婆媳之間的齟齬，非常可惜。

有一回，一位學員紅著眼眶來找我，她說婆婆作風太強勢，先生對於婆婆的要求無論合不合理，都照單全收，嚴重影響到夫妻間的相處，為此她常常跟先生冷戰或發脾氣。

聽她敘述完之後，我問她：「你之所以生氣，是因為你的需要沒有獲得滿足，那麼，你覺得你的需要是什麼？」

「嗯，我擔心將來有一天得跟婆婆一起住。如果婆婆開口要搬來我家，我先生一定不敢忤逆。」她說：「我也擔心先生的健康受影響啊，他本來心臟就不好，常常為了婆婆的事情奔波，我怕他有一天會受不了。」

我再次提醒她：「先別想你先生和婆婆，我問的是你『自己』有什麼需要沒有獲得滿足，所以才生氣？」

她想了想，還是不知道自己需要什麼。

其實我心裡大概有譜。因為，夫妻之間有一種共同的需要，通常雙方在生活中很少提及，甚至覺得難以啟齒，卻往往是造成夫妻失和的重要因素。這個共同的需要就是：尊重。

曾經有一位朋友約 Bob 出國旅遊，他在電話上一口就答應了。掛完電話我跟他說：「我希望你在第一時間告訴對方：好啊，我先跟老婆討論一下再回覆你。」

我們兩個談完之後，我也問自己：為什麼一定要這樣？

原先我以為是尊重的問題，後來我發現我需要「參與」——我有「參與」的需要。

其實我心裡很清楚，只要他想去，我一定不會有任何意見。換言之，Bob 是否問我，完全不會影響結果。重要的是，我希望他在思考過程中想到我，我就會感受到溫暖，自我價值也會跟著揚起，我的很多需要都可以因此獲得滿足。

此刻，你可能已經發現人的需要是如此微妙細膩，但是通常一般人大概只會分辨「爽／不爽」、「開心／不開心」兩種，最多再加個「沒感覺」！

「聽起來，」我問她：「你是不是覺得先生不夠尊重你、不夠重視你？」她點點頭，表示同意。

「對啊，每次只要我婆婆一開口，他就直接說好，從來不先問問我的意見。」她說：「所以我才會擔心，如果有一天婆婆說要來跟我們一起住，我先生一定二話不說就答應下來。」

「你很排斥跟婆婆一起住嗎？」

她想了一想，說：「其實也還好，我先生很孝順，我也知道他心裡很希望能盡孝道。只是……」

「只是你希望他能聽聽你的意見，把你放在心上，把你當一回事，而不是直接就答應婆婆？」

「對！就是這樣！」她說。

這正是盧森堡多年前就已經發現的溝通狀態：我們往往將自己的憤怒歸咎於對方的行為，但其實真正的原因，是我們自己的需要沒有得到滿足。

先生對婆婆言聽計從，其實不是真正的問題，問題在於，這位學員希望能滿足她對「尊重」的需要。而且除了尊重，我大膽假設，她需要的很可能是「信任」。她需要信任先生不會要求她放棄她所重視的「空間」、「獨立自主」，又或許她需要的是「參與」。

可能性很多，當事者需要一一釐清當下心裡浮現的感受與情緒。也許這個時候你已經發現，當我們以這樣的方式思考，就算到時候把心裡的話說給對方聽，聽起來也不會像指責一樣刺耳。

很多時候我們擔心、煩惱、焦慮、不爽，不見得都要深入去探討什麼心理層面的問題，或是去探究婆婆為什麼又提出不合理的要求。事實上，這些都不是最重要的，關鍵在於，只要我們的需要得到滿足，就能有足夠的力量去面對我們想要的人生。

理解了這一些，就能看清楚很多問題的根源。一旦清楚了自己的「需要」之後，就可以避免在誰對誰錯上爭論不休。

因此，透過「需要」這堂課，盧森堡博士提醒我們：別再用批評、指責、分析來表達不滿。先釐清自己要什麼，然後說出自己的需要。而且，必須能明確說清楚，那種刻意含糊迂迴的表達方式，只會讓對方搞不清楚到底我們真正的需求是什麼。

當然，要能精準表達，就要靠練習、練習、再練習。

也就是說，以後碰到任何不開心的情況，都是幫助我們更加認識自己的線索——「我為什麼生氣，我現在需要什麼？我的什麼需要沒有獲得滿足，所以不高興？」

先決定跟另一半好好說話吧。說出對他的重視、說出自己的焦慮、說出對生命的渴望，這些話都是幫助我們走在良好溝通路徑上的扶欄。

勇敢說出我的需要，對方會慢慢理解的……

正如前面提到的「尊重」，非暴力溝通強調的「需要」不是指物質世界裡的房子、車子、學位，或要對方順從自己，而是比較抽象的心理層面。這也是為什麼，我們往往不容易具體說出自己心中的需要。

當熟練非暴力溝通之後，就會發現，我們內心深處最普遍、最強烈的需要，通常與「連結」（connection）有關，例如「關心」、「陪伴」、「親密感」、「合作」、「安全感」、「體恤」及「歸屬感」等等。

同樣常見的需要，是與「人生意義」（meaning）有關，例如「探索」、「新鮮感」、「挑戰」、「學習」、「覺醒」及「冒險」等等。

還有，我們也需要「自由」、「放鬆」、「自主」、「平等對待」，當然也包括比較具體的需要，比如「擁抱」、「健康」、「娛樂」、「保護」、「自己的空間」等等。

盧森堡博士發現，無論是在美國或非洲，無論是富裕或窮困，「需要」是跨越文化、放諸四海皆準的，也因此當我們能明確表達自己的需要，通常別人也能夠理解。

自己的需要靠自己滿足，別成為情感的奴隸

我們不擅長說出自己的「需要」，還有另一個原因：教育。就像上一堂課談到的「感受」，我們從小就被壓抑著，只能對大人的話言聽計從，因為小孩子「有耳無嘴」，不能輕易表達「需要」，也因此多數人從小就沒機會去學習如何察覺與表達。

舉例來說，我在工作坊上課時，Bob 有時會過來找我，跟學員打打招呼，鼓勵大家。其實他之所以過來看我、陪我，是因為他愛我、關心我，「需要」與我建立好的「連結」，於是透過出席我的工作坊，來滿足他的需要。

假如我直接問他：「你過來是為了滿足什麼需要啊？」沒學過非暴力溝通的他，肯定沒辦法說清楚，想必會說：「就是這樣呀，你要我來，我就來啦！」或「我想我如果來了，你會開心。」然而，這樣的說法，意味著當事人並沒有看到自己的需要，反而以為自己只是為了配合、迎合別人，才這麼做。

假設 Bob 真的這麼說了，結果就變成他是為了取悅「我」，一切都是為了「我」，否則他大可以待在家裡舒服的看電視，「我」成了他行為的主導者。

這個時候，我如何反應就會變得很重要了。對於他的出現，如果我沒有表現出很歡迎的樣子，他就會覺得受挫，甚至可能生氣，回去後還可能會數落我的不是，覺得我辜負了他的好意。接下來，我也可能說：「我又沒有逼你，是你自己要來的……」

為什麼？因為人只要感受到指責，自尊心就會在第一時間啟動它的防禦機制。

接下來，你一言我一句，就會忽略其中最重要的關鍵——他有「連結」的需要，他渴望跟我有「親密感」，或換一種說法，就是他有「愛」的需要。

幸好，透過多年的交心，我們都承認自己有愛的需求，為了滿足這個需要，我們選擇了彼此。直到目前為止，我們都沒有讓對方失望。

相對來說，很多人就沒那麼幸運。

根據我多年的觀察，許多話不投機的夫妻之間，其實大部分都還有愛的成分在，只因為無法辨識需求，習慣性的把犧牲、奉獻掛在嘴上，一邊做、一邊嫌、一邊罵，以為透過抱怨就可以讓對方看到自己的貢獻，就能獲得別人的肯定及感動，甚至是情感上的施捨。

這時候，熟識的親友看在眼裡，說也不是，不說也不是。

在這類型的關係裡，也很容易看到一種情形：當一方不開心時，另一方就覺得是自己做得不夠好，有責任要想辦法讓對方開心起來。

然而，在非暴力溝通中，這種情形被稱為「感情的奴隸」，往往也是人們想掙脫情感束縛的第一個警訊。

這樣的關係，終究會讓人疲累。當人一心想尋求「別人的肯定」，很自然會以他人為中心，久而久之，會覺得自己像個情感奴隸、是受害者，覺得自己渺小、沒有價值，也覺得無助。

當我們說「我需要被……」時，意味著解藥在他人手上

這裡還想釐清一個觀念是「被」這個字。

當覺得自己需要「被尊重」、「被肯定」、「被欣賞」的時候，要小心謹慎。

當我們說「我需要被……」的時候，就表示主權在對方身上，而我是等待被「施予」的一方，這就弄錯了方向。

這不只是語言上的問題，也是心態上的問題。

因此，盧森堡才會要我們問問自己：「我生氣，是什麼『需要』沒有獲得滿足？我需要什麼？」答案絕非是我需要「被你尊重」這麼簡單。

如果這麼說，就意味著「解藥在他人手上」——他給我，我就得到滿足；他不給，我就永遠不會快樂。漸漸的，就會變成「對方有能力對我情緒勒索」了。

因此，當發現自己說「我需要被尊重」時，到底真正的需要是什麼？

我有一個晚輩，曾經因為聽了別人以訛傳訛，指控一件我不曾做過的事情，

最後他對我說：「我們家不歡迎你！」這句話，讓我傷心欲絕。

長久以來，我一直以為我的傷心難過是來自於沒有「被」尊重，常常糾結於我到底做錯了什麼，為何善意如此被人刻意扭曲。等弄清楚自己的需要之後，我釋懷了，原來重點不是他是誰、他說了什麼，而是我需要的「歸屬感」沒有獲得滿足！

當我了解這一點之後，我更加心疼自己，決定要在受傷的「歸屬感」上好好下功夫。誰說歸屬感一定要從哪些人身上獲得才算數？

重要的是，要滿足「歸屬感」並沒有想像中的困難，只要真心待人，到哪裡都行！我不需要靠「某個人」來填補，或靠某個人的「給予」來獲得。

我渴望「歸屬感」，我有親人、朋友、社群、讀者、興趣……，世界之大，可以從很多地方得到滿足。

看清楚真相後，我發現自己更篤定了。

記得了，要建立健康的親密關係，首先要對自己的需要負責。了解自己這麼做是為了自己，不是為了別人，自然也就不會一直糾結於受害者情結了。

我們每個人在當下，都有需要，也都有感受，可惜的是，從小到大沒有人教導我們如此重要的覺察。師長為了要教我們不能自私，要為別人著想，結果演變成我們從小就學會承擔別人的感受、需要，甚至以為要為別人的生命負責。

現在我們慢慢學習，更清楚了解哪些是我們可以承擔的，哪些是別人自己要負的責任，不再混為一談。從原先只顧慮他人的感受、覺得需要為此負責任，到最後為自己負責，是一種成長過程，這些我們都可以透過練習來熟悉。

永遠記得：千萬別強迫任何人做任何事

盧森堡博士曾提到，理想的溝通包括許多技巧與方法，但其中有一個非常重要的前提：絕不強迫任何人做任何事。

他舉例說，在兒子青少年時，有一次他叫兒子去鏟雪，無論怎麼要求，孩子就是不肯去做。

奇妙的是，鄰居有位老太太，沒有提出任何要求，兒子卻主動每週去幫老太太鏟雪。

博士覺得很奇怪，為什麼沒有人叫他反而主動去做，家裡的人卻怎麼都說不動他？

後來他理解了，因為家人的要求中隱含著「強迫」。

這就是為什麼我們要學習溝通——要讓人心甘情願跟我們合作，是需要好策略的。善用這套策略，不但能夠照顧自己的需求，同時也可以成全對方的需要。

受過非暴力溝通啟發之後，為了徹底學習，有好長一段時間，回到家只要一有機會，我就會練習。

有天早晨起床，走到客廳，Bob 跟大女兒 Aggie 都已經坐在餐廳，看書的看書，看電腦的看電腦。我一看，除了狗狗便盆裡有便便之外，兩隻狗狗又尿在盆子外面的地板上了……

看著狗盆我耐心的走過去，一邊拿起衛生紙整理，一邊說道：

「當我看到狗盆裡面有大便，就知道因為便盆的便便沒清，所以狗狗就尿在盆子外面。我看了不開心，因為家裡是木頭地板，尿液沾久了會有味道，我希望家裡是清香的。可不可以麻煩早上起來時，盡可能多注意牠們，幫忙把便便清乾淨，以免牠們又尿到盆子外面？」

我們家兩隻小狗很愛乾淨，只要盆子裡有東西，就會選擇在盆子外頭撒尿。

我說完，女兒開口了：「我早上起來的時候沒有看到。」

我說：「所以我請你們盡量多觀察，多看幾次。」

女兒說：「ＯＫ！」

我說：「Thank you!」

老公，沒有說話！

這段對話，只是生活的日常，可能沒有什麼精采可言，但我要表達的是，通常我是不抱怨、不罵人的。我總認為，我在意的事情就我做唄，少囉唆，免得惹人厭。

我是為了讓兩個女兒開心才養狗的（當然啦，我自己也愛狗），所以即便Bob當時不同意，我們還是趁他有一次出國的時候買了一隻，在他另一次出國的時候又買了第二隻。沒有我的護航，女兒也不可能如願。

因此，多年來，我從來不曾要求家裡任何人要為這兩條狗做任何事，包括餵牠們吃喝、洗澡等等。只要我在家，所有相關事宜都由我打理，不抱怨、不要求，更別說皺眉頭了。

但是，哈哈哈，那一天早晨不一樣了，我說出了我的「觀察」、「感受」、「需要」及「請求」。

我一向不喜歡聽自己抱怨，也不喜歡擺臉色給別人看，我真的很怕、很抗拒。就算心裡犯嘀咕，我也不希望自己的怨氣外洩。長期以來，我都選擇耐住性子，不希望不小心說了難聽話或態度不好，讓別人聽了、看了不舒服或難過。

我不藏話，心裡話絕對會說，但前提是我要「好好說話」。結果就變成，只要遇到不開心的事，我總要左思右想，等沉澱一段時間之後，確定不會說出太情緒性的字眼，或板著一張晚娘面孔，才肯開口跟對方溝通。

對家人，我更是如此。

這一天，真的太舒坦了，我用了新方法，不需要再把話藏放在心裡。透過非暴力溝通SOP，在完全沒有抱怨的情況下，把話好好說清楚、講明白。

還有一次，當時我正在上哈佛大學甘迺迪學院的課，課業相當重，加上台北跟波士頓有時差，常常為了交作業徹夜未眠。那一段時間，我的睡眠作息整個亂了套。

但是一如往常，我們家寶貝狗狗只要聽到我在房間裡有任何動靜，無論幾點鐘，特別是一大早，就會在房門口叫門，非要我起來餵牠們才善罷甘休。

這天早上，我開口跟 Bob 說：「我需要睡眠，我好累，如果早上你可以起床後幫我餵牠們吃東西，我就可以多睡一會兒。」

從那一天開始，我出運了！我再也不需要每天早上睡眼惺忪、步履蹣跚起來餵小狗吃飯了。

以往我沒有刻意選擇說出我的需要，因此家人也就沒有刻意插手，但這並不表示他們只會袖手旁觀。只是有我在，大家就會心照不宣的交由我打理。但，現在不一樣了。在我眼裡，我覺得他們是在幫我的忙，很窩心，而他們可能也開始認知這是大家的事，願意一起分擔。

總之，說出來的感覺真的不賴，沒有抱怨、沒有強迫，只是希望家人明白我的世界發生了什麼！

「不要」什麼，不等於你「要」什麼

接下來讓我們透過實際的例子，進一步來認識非暴力溝通中關於需要的表達。

自從有了智慧型手機以後，很多家庭衝突往往也因手機而起。以下幾句話，應該不陌生——

「我跟你講話的時候，你可不可以不要看手機！」

「到底手機重要還是我重要！」

「你可不可以把頭抬起來，我正在跟你講話，我不要你一直看手機！」

「吃飯看什麼手機！」

的確，當其中一方邊看手機邊說話，有一搭沒一搭，心不在焉，或看報紙或看電視，溝通是注定要失敗的。

不過，想要對方放下手機，你使用的語言可就是個關鍵了。

盧森堡博士曾經舉一個故事為例：一位女老師在講課時，學生邊聽課邊用手拍打著書，發出的聲音讓她覺得很受干擾。於是，她直接要求學生：

「請你不要拍打書，好嗎？」

結果你猜這位學生如何回應？

他不拍打書了。

他改拍桌子。

家裡有孩子的人，應該對這樣的場景很熟悉吧？你越不希望他做的事，他越故意唱反調。

「這個故事提醒我們：告訴對方你『不要』什麼，不等於你清楚告訴對方你『要』什麼。」盧森堡說。

希望對方別再低頭看手機，其實我們真正的需要，很可能與手機無關，而是希望對方可以把花在手機上的時間與精力，投注在自己及家人身上。

這時候，可以這樣說：「親愛的，我想好好跟你聊天，我們都暫時放下手機好嗎？」

而不是語帶攻擊的說：「你最好馬上給我放下手機！」

這樣的用語、口氣容易讓人產生抗拒，不自覺想反擊。每個人都有自尊心，不喜歡被責備。我都可以想像，如果是青少年，即使放下手機，也可能戴起耳機或拿起平板電腦，或拿起雜誌，或放空，或板起臉，採取不配合策略，每一個小動作只會讓人更抓狂。

要知道，在親密關係裡，我們很容易因為對方的一句話或一個動作，就吵了起來。

避免爭吵，雙方都要有隨時「打住」不再繼續往衝突奔去的智慧。我跟 Bob 曾經有過這麼一段對話：有一天我看見他一直低頭滑手機，心裡不是滋味，於是跟他說：「你寧願看手機也不願意看我。」

他想了想，回了一句：「不舒服，你這樣講，我聽了真的不舒服。」

被他這麼一提醒，我很快發現，問題出在我的用語與語氣，其中的確隱藏著對他的評斷。

我趕緊跟他說：「Sorry，」接著說，「我是希望你把注意力放我身上。」

「你為什麼不……」通常不是在詢問，而是想要指正

關於語句中的「不」，還有另一個小故事。曾經有一位學員告訴我，她的先生有好幾個兄弟姊妹，但每次婆婆只要有事就會找他先生，而他先生無論再忙都會答應。有好幾次的家庭活動，就因為先生要去幫婆婆買東西而被迫取消。

「那你怎麼跟先生說？」

「我跟他說，當婆婆突然打電話要你過去幫忙，你要衡量情況。如果不是很緊急，再加上當時如果你有事要忙，為什麼不能請其他兄弟過去幫忙呢？」

我說：「當我們說『你為什麼不……』的時候，常常不是在詢問，而是想要指正。在溝通上，這是我們容易混淆的地方。」

如果再加上質問的語氣，對方所聽到的，就不會是我們口中所說出的那幾個字而已。

還記得之前提到的行李箱事件嗎？有個先生出差回來，行李放在客廳好幾天，太太問了「行李為什麼不收」之後就吵了起來，接著先生上演離家出走，最後還要太太去賠不是，把老公請回家。

這樣的應對方式，在家人之間是非常普遍的。

當我們願意花時間探討這些細節，就有機會逮到自己的慣性，這些都無關乎對錯，只是讓我們更清楚有些說法只會得到反效果，值得我們重新升級。

那位太太真的想知道行李不收的原因嗎？不是的，那不是詢問，而是表達不滿的迂迴指控。聽在先生耳裡自然會解讀為：「你在控訴我懶、不負責任、不合作、沒有效率、不關心、不在乎……」一切取決於你們之前的對話習慣。

一句話就像開關一樣，開啟了一場不必要的紛爭。

這些都是我們平常在互動時，很容易掉進去的陷阱。也許我們自己沒留意，以為只是在溝通，結果聽在對方耳裡就像一根刺。既然你不是真心在問，我當然也不用跟你說真話。

請務必記得：人在沒有壓力的時候比較聰明。

當兩個人語氣溫和、沒有壓力，就會營造一個比較輕鬆、溫暖、舒適的氛圍，這時對方也比較能把我們的話聽進去。

我常說「快樂的人比較聰明」，因為快樂的人比較放鬆、比較豁達，也比較聽得進別人的話，接下來就能做出更好的判斷、更好的抉擇，做出對大家都有益的事。

所以我要問了，幹嘛要激怒對方，讓對方變固執、變笨呢？

想想看，如果有人指著我的鼻子大聲對我說：「你什麼東西呀？你簡直莫名其妙……」這時候會發生什麼情況？我的腦子會先一片空白，接下來就全副武裝，自我防衛，準備迎戰，開始說一些沒有建設性的話。這種時刻，我們根本聽不到別人的需要及感受，只會一心想攻擊、反駁：「你才是什麼東西呢？你憑什麼這樣說我……」

美好的溝通，帶出語言的力量

在非暴力溝通的ＳＯＰ裡，我發現，當了解自己的需要，並正確的表達出來時，經常會有意想不到的驚喜。例如，原本對方只願意付出三分，聽了我的需要之後，變成付出了十分。這是因為當雙方都像長頸鹿般展現善意時，自然會醞釀出另外一種氛圍，原本的質疑、堅持消失以後，自然會全心全意的想成全對方。

哈佛大學的最後一篇報告，要在美國當地下午五點鐘以前上繳，算一算正是台灣清晨的六點鐘，這對我來說是一項挑戰，因為每一篇都是用英文書寫。

前一天傍晚，正當我寫得焦頭爛額的時候，Bob 說：「我們答應朋友要去吃晚餐，差不多準備準備要出門了。」

我心裡有數，也預留了時間，但我還是說了：「怎麼辦，我擔心報告寫不完。這樣好了，餐敘回家後我必須繼續開夜車，你明天早上五點鐘起床，在我報告還沒有寄出去以前先幫我看一下。好不好？」

他說：「幾點？早上五點喔？這麼早！」

我說：「對呀？不然去了，我怕寫不完。」

他說：「好吧。」

我說：「還有，不只這樣，你還要很高興的起床才可以喔！」

他：「什麼？還要很高興才行喔？」

我說：「對呀！臉臭很不健康耶！」

「好啦！好啦！五點起床，開開心心就是了。」

我清楚表達了我的需要，而他也願意配合。

隔天早上五點，他真的和顏悅色、笑咪咪地被我從被窩裡挖起來，五點五十八分圓滿將作業上繳系統後，兩人又跳上床睡回籠覺。那天早晨超溫暖，我超開心，因為除了老公的貼心，接下來我就等著領結業證書了。

語言是非常有力量的，這就是溝通的美好之處：有夢想，有盟友，有歡笑，還有挑戰。

工作上要有好表現？仔細觀察身邊同事的「需要」

除了家中的親密關係之外，對於職場上的豺狼語言，相信我們也都不陌生。

曾經遇到過老闆情緒差，碰到問題就發脾氣、亂罵人的嗎？當然有！要嘛我們轉身走人、另謀高就，要嘛恨得牙癢癢，忍住委屈，暗暗回嗆：「瘋子，又來了，吃了炸藥是不是！」

這時候，最常見的情況就是覺得自己憤怒有理：「什麼東西嘛！」但話說回來，當我們把注意力放在自己的怨氣上，就很難同理別人。

遇到這樣的情況，就是練習觀察對方需要的最好時機！

首先最需要分辨的是：他是在發洩情緒，還是需要我提供解決方案？他是真的要我說明事情的來龍去脈嗎？

要知道，在職場上，如果我有七分壓力，老闆通常會有十分的壓力——當然也有例外啦，但無論如何，在多數情況下，老闆要承擔的責任一定比我們多，所以老闆也希望有人能協助他釋放情緒與壓力。

見識過老闆把罵人當作是職場上的管理策略嗎？這到底是怎麼一回事？遇到這樣的老闆，該怎麼自處？

舉例來說，明明是老劉犯了錯，老闆對老劉超不爽，卻又不直接說他，反而跑來對我大聲嚷嚷：「搞什麼東西？到底有沒有把我放在眼裡？」而且還罵給全公司聽，Why？

其實，這也許是因為老闆跟我交情比較好，表面上看起來是在講我，其實是在罵給老劉聽。老闆知道我會包容他，或是平常特別照顧我、信任我，知道我撐得住、懂得體諒，因此指桑罵槐，罵我給別人看。這當然不是好的管理手段，但職場上的確就有這樣的主管。

總之，被豺狼語言攻擊了，怎麼辦？這時倒可以學著去猜測他的需要是什麼。

首先，如果他用指責的方式問一些具體的問題，表示他有釐清真相的「需要」。那麼，我要清楚表達我看到、聽到及知道的訊息，務實的回答，越仔細越好，千萬不要實問虛答，否則會讓對方更火大。這時候要謹慎客觀，闡述觀察到的事實。

其次，如果發現主管在罵人，東扯一件事、西扯一件事，沒有針對單一問題，那麼，他的「需要」很可能只是情緒發洩，希望有人能夠「同理」他。通常這種情況，他並不是真正要什麼答案，不是想知道問題出在哪裡，也不是想聽理智的解釋、分析，他只是藉一個引爆點來發脾氣。這時候要抽絲剝繭，找出他未獲滿足的需要。

平常的非暴力溝通練習，就是在幫助我們釐清事實，體會對方的感受及需要。常常有學員說：「老師，好難喔，我怎麼知道他要什麼？」我必須說，當我們越了解自己、熟悉自己之後，要猜中對方的感受及需要，就會越來越得心應手。

我發現，當我把注意力放在關心對方的需要上時，他所有的豺狼語言，我統統都聽不見。因為我會專注於想從他說的每個句子裡，找到我要的答案。

一旦常常關心自己的需要，也時時學著猜測對方的需要，這個時候你就會發現自己彷彿走進了一個無人之境。在那裡，誰都傷不到你，因為你突然變得像愛因斯坦一樣專心，為了尋找科學解答，一心一意只想找到那一把可以幫助雙方解脫、重獲自由的金鑰匙。

描述「需要」的語詞

需要，指的是人們的基本需求，包括自主、生理滋養、玩樂、心靈交流、相互依存、慶祝與哀悼等面向。這份需要清單未必詳盡，而且可以修改。它是一個起點，用來支持任何想要深化「自我發現」，以及促進人與人之間更多了解與連結的人。

連結

接納　情感　欣賞　歸屬　合作　溝通　親近　社群　陪伴　慈悲　體貼　一致性　同理　包容　相互依存　親密　愛　互動　滋養　尊重　自我尊重　安全　安定　支持　知道及為他人所知　看到及為他人所見　理解　為他人所理解　信任　溫暖

誠實

真誠　正直

玩

樂趣　歡樂　幽默

平靜

平衡　美　交流　自在　公平　和諧　鼓舞人心　秩序

身體健康

空氣　水　營養（食物）　活動（運動）　休息／睡眠　性　庇護所

意義

覺察　慶祝生命　挑戰　清晰　能力　意識　貢獻　創意　發現　效率　成長　希望　學習　哀悼　參與　目的　自我表達　刺激　重視

自主

選擇　表達　自由　獨立　空間　自發性

（資料來源：CNVC.ORG）

第5堂

請求

請與我一起擁抱美麗世界

現在，我們來到非暴力溝通的第四個步驟：請求（requests）。不過在我們進一步談請求之前，先複習一下前面的三個步驟：

首先，說出**觀察**，將事實不夾帶任何評論的陳述出來。「當我聽到……」或「當我看到……」

其次，說出**感受**，不把惱怒的情緒推諉給別人的語言或行為，而是單純對自己內心狀態的描述。

第三，說出**需要**，釐清心中未獲得滿足的需要，並且具體將需要告訴對方。

前面三個階段，都是為了讓對方知道我內心正在發生什麼狀態，接下來，就輪到溝通的第四個步驟：說出**請求**。

這個階段的目的，是在處理一個基本問題：如何讓我們的生命更加美好！

也就是說，我知道我的內心發生了什麼，也知道要如何改善，然後我願意說出來跟對方分享。同時，用請求的方式邀請對方一起參與這個改善計畫。

這是多美好的一個過程呀！

什麼叫請求？簡單說，就是希望對方怎麼做，坦白開口請對方來「滿足」自己的「需要」。同時，也請對方提出他的需要，兩個人盡可能以合作的方式來成全彼此，一切就圓滿了。

我在帶團體時，發現一個非常有趣的現象：當我們停下腳步，仔細釐清自己的內心世界，同時開口跟對方分享、核對之後，常常會發現原來兩個人的需要根本是大同小異，甚至一模一樣。

既然如此，幹嘛非得爭到面紅耳赤、細胞死一堆呢？

舉個例子來說，有位母親因為擔心孩子的安全，所以不允許女兒到公園跟朋友玩。相反的，父親覺得女兒已經夠大了，如果她想去，在白天的時候，家長應該適時給出一些能讓孩子學習獨立的空間。為了這件事，夫妻兩人經常僵持不下，甚至引發爭執和冷戰。

經過二十分鐘平和的溝通之後，他們發現：其實兩個人擔心、害怕及重視的事情，幾乎一模一樣。

先生重視孩子的未來，擔心女兒受到過度保護，未來缺乏獨立自主的能力；而太太也是重視孩子的未來，怕一旦發生什麼意外，後果將不堪設想。說穿了，兩人都是為了要保護女兒，希望她能有力量面對複雜的世界。一旦看到彼此的焦點都是為了孩子的身心健康，夫妻之間的對立自然就消失了。

在聽完對方的心情及所重視的需要後，接下來，就是我們要如何提出一個能激起對方合作意願的請求。

這又是一個關鍵所在：請求，請求他人的幫助。這是多麼困難的一件事啊。很多人常常覺得自己已經想得很周全，不喜歡聽到別人的挑戰與質疑，也有很多人甚至痛恨開口請別人幫忙。對大多數人來說，這是最難跨越的障礙，特別是一個自尊心強的人。

套一句 Bob 常說的話：「哪個人自尊心不強？」

的確，當我們好不容易鼓起勇氣，提出一個需要對方幫忙的請求，如果被拒絕，這會讓人多麼受傷？但是，如果我們缺乏提出請求的經驗，或者缺乏被拒絕的經驗，我們又如何從中累積出足夠的智慧，去提出一個對方會想積極回應的請求呢？

放下命令的舊習，擁抱不中斷的溝通

在非暴力溝通裡，這是最關鍵、也最困難的一個步驟。很多人往往在前面三個步驟進行順利，卻在提出請求時遭遇挫折而前功盡棄，非常可惜。

盧森堡博士強調，在溝通的最後，「請求」絕不可少，否則前面所說的，都沒有太大意義。由於溝通的重點就是要讓彼此有更美好的未來，如果沒有提出請求，如果不了解彼此的需要，又怎麼知道要如何滿足對方呢？

我們也許會說：「他應該知道我要什麼。」

我想請問，如果我們自己都不知道要什麼，別人怎麼會知道我們要什麼呢？還有，千萬不要再說：「為什麼要等我說了之後你才做，哼，我才不稀罕呢！」

這種耍幼稚的賭氣說法，只會讓溝通瞬間降級為意氣之爭，除了讓對方在心裡直翻白眼，一點建設性都沒有。

請求之所以困難，原因很多。如果我們都認同請求別人幫忙涉及到自尊的挑戰，那接下來就不難明白，為什麼與其提出請求，我們更容易傾向「要求」。因為要求的時候，就會變成是：你應該、你不應該、你必須、我有權要求你⋯⋯。這是我們的自尊心巧妙避開請求的方式，然而，背後真正想說的其實是：「我需要你的幫忙，請跟我合作。」

幫忙什麼？也就是：如果對方能回應我當下的需求，我的生命將更加圓滿，我會很高興。

為了避免披露內心的脆弱，為了繼續維護自尊，我們的「請求」功力越來越遲鈍，最後根本分不清楚「請求」（requests）與「要求」（demand）的不同。

說實話，我們平常比較習慣的語言，是要求，而不是請求，這主要也跟我們過去接受的語言習慣有關。從小我們習慣了父母要求我們「不可以這樣」、「不可以那樣」，長大後，我們自然也就用同樣的語言來對待身邊的人，總是直接的、近乎命令似的要求另一半和孩子。

例如在課堂上，我常聽到學員們對另一半或孩子的請求，總是類似這樣：

不要再對我大吼大叫。

講話要誠實。

你要尊重我的隱私。

以上三個請求，聽起來都很合理。家人之間本來就應該避免吼叫、避免不誠實，以及避免不尊重他人隱私。

也有很多學員會提出這樣的說法：

我希望他不要再抱怨個不停。

我希望他不要再抽菸了。

我希望他不要老是加班到很晚才回家。

同樣的，這幾個「請求」聽起來也非常合情合理——做人本來就不該常常抱怨，抽菸本來就對身體不好，而熬夜加班不但少了跟家人相處的時間，也可能毀了健康。這些明明都是在為對方著想，對方怎麼可以不領情？

我問學員：「如果對方不答應呢？」

「怎麼可以不答應呢？這不是本來就應該如此嗎？」這時，大家開始七嘴八舌起來。

「如果對方不答應，你會生氣嗎？」我繼續問。

「當然會啊！」很多人都這麼回答，還有人表示會感到挫折、沮喪、難受。

然而，在非暴力溝通看來，這種一旦對方不答應就表現出生氣、挫折、沮喪、逼迫，任何試圖給對方壓力的狀況，都算是「要求」，不是「請求」。

真正的請求，不是單方面、不是一廂情願的，也不是強迫別人一定要接受的。

真正的請求，必須是讓對方理解的，讓對方可以拒絕的，還要讓對方心甘情願同意的。

真正的請求，就算對方拒絕，也能試圖去理解原因。

真正的請求，不會讓雙方的連結中斷。

一定要理解：請求不是要求，對方可以選擇說不，我也不要刻意施壓。重點是與對方繼續溝通下去，保持對彼此的好奇與同理。

盧森堡博士說，要對方相信自己所說的話是出於請求，就是讓對方清楚知道，當他說「不」的時候，是可以獲得諒解的。

請求三要件：明確、正向，以及引發具體行動

到底怎樣才算請求呢？

我知道有些人對於「求」這個字特別敏感，如果你是其中之一，請把「請求」直接用「請」一個字替代就可以了。

前面提過了，簡單來說就是：希望對方怎麼做，提出的就是請求。

然而，問題在於：大多數情況下，我們自己都不太清楚要對方做什麼，自己才會滿意。很多人或許知道「不要」對方做什麼，卻搞不清楚自己「要」什麼。當我在課堂上問學員：「那你希望怎樣？你要什麼？要對方怎麼做？」常常得到的回答是：「我也不知道。」

研究非暴力溝通一段時間下來，感覺好幾條腦神經都活絡了起來。以往從別人口裡聽起來像抱怨的語句，很驚人的不再像以前那般刺耳，而且還可以聽出弦外之音。

譬如，我們最常聽別人或自己說：「不要這樣、不要那樣、你可不可以不要這樣、可不可以不要那樣？」

「那請告訴我，你要什麼？」通常接下來就是一陣沉默。由於我們長期忽略自己的感受與需要，不習慣照顧自己的心智，自然也就缺少撫慰、同理自己的能力。我們常常不知道怎麼樣比較好，或者這樣說，我們不太擅長從對自己身心有益的角度去思考。

這就是我們跟人起衝突的主要原因。當大家都在談論不要時，聽起來都像是出於內心需求不滿的一種抱怨。這也就是盧森堡博士曾經提到的，告訴別人「不要」做什麼，並不會為我們帶來幸福。

衝突之所以發生，常常是因為壓力來的時候，其中一方覺得不舒服，開始提出情緒性的「要求」。此時除非對方夠成熟、冷靜，或受過同理心訓練，否則面對排山倒海的情緒性字眼時，很容易把聽到的「要求」解讀成「指控」，情緒往往也跟著挑動起來，接下來就演變成爭執，甚至訴諸語言或肢體衝突。整個過程下來，真的是既傷身又傷心。

其實，我們真心需要的是得到身邊人的支持，我們希望對方能了解自己的狀況，幫自己分擔一些壓力。如果真是如此，為什麼不試著好好表達呢？既然需要幫忙，如果可以釐清自己的需要，就可以直接進入請求，而避免掉那些損人不利己的爭執，不是嗎？

透過非暴力溝通的練習，可以幫助我們從「不要」、「不知道」，進展到可以具體說出明確的請求，讓關係更健康。

盧森堡博士說，請求必須符合三個要件：一是**明確**，二是**正向**，三是必須非常**具體**，具體到當下就能引發可行的行動——盧森堡博士最常用的說法，是 do-able（可行的）。

那麼，什麼才算是明確、正向，可以引發具體行動的請求呢？

我舉個例子。有一位男學員來上我的溝通課，他跟太太分隔兩地，經常因為相聚時間太少而爭吵，他希望我提供可行的解決方法。

我問他：「從溝通的角度出發，你希望太太怎麼樣？」

「只要太太開心，我就開心。」他回答。

這樣的答案很常見，卻不符合請求的第一個要件：**明確**。開心這兩個字，本來就可以涵蓋很多可能性，太太要多開心才算開心？何況，真的只要太太開心就好了嗎？我很懷疑。如果太太把他臭罵一頓之後就開心了，是他要的嗎？當然，我沒這麼問。

於是同樣的問題，我又再問了一次：「你希望太太怎麼做？」

這回他告訴我：「我希望她生氣的時候，不要冷戰不說話。」

這次的請求明確了一些，但違反了第二個要件：**正向**。請求，必須是正向的，而不是負面請求，例如「你不要……」、「你不可以……」。一來，這種負面請求特別容易造成對方反感，二來這種請求也只是讓對方知道「不該」做什麼，並沒有明確讓對方知道「可以」怎麼做。

我請他再試一次。這回他想了很久，然後才說：「我希望她心裡有什麼話就告訴我，開誠布公的直接說。」

好多了，但仍不符合第三個要件：能引發立即可行的**具體**行動。在非暴力溝通裡，請求，應該要具體到希望對方做什麼，讓對方能夠直接照著做或照著說。

但「心裡有什麼話就告訴我」卻不是可行的，因為每個人心中一定都有不想說的話，而不想說不等於不開誠布公。

我的經驗告訴我，溝通最好在心平氣和、合作的態度下比較容易有共識，因此我們提出來的請求，最好也是朝向一個更好的方向前進。套用完整的非暴力溝通說法，或許可以這樣提出請求：

當我聽到你說我都不關心你的時候（**觀察**），
我覺得很挫折（**感受**），
因為我很重視我們的關係（**需要**）。
所以，當你覺得我不關心你的時候，
可不可以請你馬上傳個貼圖給我（**請求**），
我看到的第一時間就回覆你？

最後這一句是讓對方知道我有意朝著正向、合作的方向邁進，如果對方也學過非暴力溝通，接下來的心裡話很可能會是：「謝謝。」

我非常喜歡盧森堡博士的說法：我們日常的語言最主要歸納為兩個目的：一個是請（Please），請用我想要的方式來圓滿我的世界；另一個是謝謝（Thank you），由於你的合作讓我的生命更加圓滿，因此我真心感謝你。

這樣的洞見對我影響很大。當我不開心的時候，我提出請求：「請你可不可以……？」當我滿意的時候，用語言大方表示：「謝謝！」或用行為及態度展現對生活滿意的姿態，簡單說就是：和顏悅色、輕鬆自在、笑口常開。

讓我們彼此請求，攜手打造良好關係

請求不是單方面的，我們當然可以彼此請求。例如：「我覺得這樣比較好，你覺得呢？」

或者，在向對方提出請求的同時，對方也可以提出請求，兩人再找到共識。如果當下兩人都沒有辦法做決定，可以再約個時間，繼續找出其他的解決方法。

傾聽對方的感受及需求，是溝通很重要的一環。如果不去傾聽，怎麼能知道我們關心的人，心裡正在想什麼？有時候我們可能會認為「我很了解他，知道他在想什麼」，請切記，我們現在要學的是溝通，不是學做靈媒。沒有傾聽，就沒有溝通，只有各自表述，自說自話。

有一位學員跟先生結婚十多年，她說自己很強勢，導致老公越來越沉默寡言，相處過程不再說出他內心真實的想法。現在，當她想要聽先生真實的聲音時，卻怎麼樣都問不出所以然，先生已經不太願意對她敞開心扉，說出心裡話。

「我要求他開口，他還是不肯說。」她告訴我。

我問她：「你真的想知道他內心的感受嗎？」

學員回答：「我真的想知道啊，因為我也希望他快樂。」

我說：「可是，或許他覺得這樣比較快樂，因為他知道如果說錯了話，你可能會抓狂，他反而不好受。」

學員：「你的意思是，他不想說，是為了怕再度受到傷害？」

我說：「是呀，他又不是笨蛋。」

學員：「可是我不想要這樣的關係，我希望他跟我在一起是自在的，而不是什麼話都往肚子裡吞，這樣我根本不知道他在想什麼。」

這種情形其實很常見。當對方提出不同的意見時，我可能會很在意他幹嘛要唱反調，總希望他能乖乖按照我的意思去做就好了。然而，當對方真的把想法隱藏起來，閉起嘴巴乖乖照做時，我又覺得這樣不好，不斷要求他說出自己的想法。

我說：「如果是我的話，知道說出來的話只要不合對方心意就會被打槍，我也不會說。幹嘛自己找罪受？」

表面上看起來，這位學員似乎改變了，以前仗著自己的強勢讓先生乖乖聽話，現在覺得應該讓先生自在一點生活。但實際上，並沒有改變，她還是用同樣的邏輯在要求先生。她這回仍然是在下命令，只是從「乖乖聽我的」變成「開口跟我說你的想法」而已。

她現在可以做的，是學著用非暴力的溝通方法對話。既然我們談的是溝通，就得放下「要對方順從我」的心態。我們可以嘗試提出請求，但如果先生拒絕，或是先生的做法讓自己不滿意，也不能將不滿意的心情直接向先生發洩。否則想要對方開啟溝通大門的心願，只會無限期的往後延。

舉例來說，倘若今天先生開誠布公，結果內容她不滿意，聊沒幾句就開始對先生酸言酸語，那麼，先生的心理防衛系統也會開始啟動、築牆、拒絕回應，或是乾脆順著她的話講，趁早結束對話，趕快閃人。

「天呀！好難喔！」她說。

當然不容易！就像我與孩子之間，雖然我自認為是一個很不囉唆的媽媽，但面對子女談到工作上的挫折時，一不小心也會開始給建議。不過，還好我養成高度的自覺，只要感覺到氣氛開始凝重，就趕緊閉上嘴巴，因為多說無益。一方面可能是我想說的，孩子並不想聽，或者我也不見得在每次對話時，都能永遠保持在一個開放且高度同理的狀態。

孩子是我的挑戰，也是讓我練習非暴力溝通的最佳對象。

不是改變對方，而是一起改變

有些人會陷入一定要對方改變，事情才有解的迷思中。所以，他們往往會覺得，如果提出來的請求不能像命令般那麼立竿見影，溝通還有什麼意義呢？

舉例來說，有女學員跟先生已經有一個女兒，但先生想要再生一個男孩來傳宗接代，雙方在這方面有很大的分歧，兩人的婚姻也因此亮起紅燈。

她說：「現在我只能安慰自己說，先生是受到原生家庭的壓力，導致要他改變不是那麼容易。但現在這種不愉快的相處模式，連女兒都受到影響，我不禁會想：『天啊！還要相處這麼長久的時間。』我也努力在上諮商課，想做一些改變，但他仍然很堅持，還是沒有改變，難道我要一直忍耐下去？」

我問她，下一步打算怎麼做？

學員說：「就是忍耐，長久以來就是一直忍耐。」

我說：「除了忍耐，你還能做什麼？要他改變想法嗎？」

學員說：「倒也不是要他改變，只是希望彼此觀念相同，但是他的觀念就是轉不過來。」

「你這樣想，就是要他改變，變成跟你一樣的想法。」我提醒她：「不過，我認為重點未必是他轉不過來，而是你說的，他有來自原生家庭父母的壓力，不是嗎？」

「我先生很不能諒解我，認為我不配合是因為不夠愛他。但是對我來說，生小孩是因為愛才讓孩子來到世上，難道不是這樣嗎？在這種相處品質不好的情形下，我實在不願意再生一個。」

「你說，現在你們的相處品質不是很好，在這種情形下，你不想再生一個孩子。」我進一步問她：「那麼，如果兩人的相處品質變好，你願意再生嗎？」

她點點頭：「其實我會考慮。」
看來，這一點才是夫妻兩人必須好好討論的關鍵。
我建議她，既然如此，她可以很清楚的告訴先生：

以我們現在婚姻的狀態、說話的方式，
我幾乎感覺不到親密感。
我覺得很無奈，
因為我必須確定在把一個孩子帶到世上時，
我們的關係是緊密的，是溫暖的。
現在因為我們的想法不一樣，
連帶的，女兒也享受不到家庭的和諧及歡樂，
在這樣的情況下，我怎麼會想再添一個小孩？
所以，我們是否可以先試著讓關係回復到親密？

這樣我才有足夠的信心做這件事。

「當然，這只是我初步的建議，其中的用語你可以調整與修改。重點是，這樣說是否符合你心裡所想的？」我問她。

她點點頭：「是的。」

所以回過頭來看，這位學員真正渴望的，其實是好一點的親密關係。倘若夫妻有了良好的互動，她並不介意再生一個孩子。

也許，她可以提出的請求是：

我希望每個禮拜六晚上，
我們夫妻倆去約會吃頓晚餐，
擁有屬於兩人的時間，
以建立彼此的信心與親密感。

這樣的請求非常具體、可行、正向，清楚表明希望對方做些什麼來改善兩人的關係。也許夫妻倆還可以共同討論，要用什麼樣的具體行動，讓雙方的感情一步步回溫。

超幸福的！

允許對方說「不」，才有可能進入到交流及溝通

回到剛才的情境，如果老婆提出的請求，老公沒有什麼回應或是不答應，怎麼辦？

根據我的經驗，很多人因為受傷、生氣，所以堅持己見、豺狼出洞，非要對方當下給出令人滿意的答案不可。

假使對方無法給自己滿意的答案，就開始板起臉、生悶氣，要對方看出自己不開心，因此僵持著，直到對方來跟自己低頭、妥協為止。這麼一來，其實就已

經落入了情感乞丐的狀態了。有時候這樣的方式是會得逞，但如果對方堅持不妥協，我們就會把自己卡死在牢籠裡，困在一個不愉快的情緒裡，接著就自憐自艾起來。慢慢的我們會發現，這其實是一種無意識的習慣。

前面提過，當自己的需要獲得滿足時，我們會開心，而當需要沒有被滿足時，我們會沮喪。因此，當我們的同理心還沒有發展到足夠成熟的時候，只要一沮喪，豺狼就可能會出來傷人。

其實，每個人的內在都有個小惡魔，只要事情不順我們的意思，牠就會探出頭來張望。小惡魔為了存活，時間一到就會出來覓食，尋找痛苦，所以我們才會每隔一段時間，在某些特定的時間點或某些事件上，習慣性的去找痛苦、惹惱他人，而家人就是我們的最佳拍檔。因為我們都知道在哪一個「痛點」上出手，就會有我們要的效果。

這些豺狼式的對話方式，都是一種無意識的習慣。

首先，我們會把不舒服的原因歸咎給對方，然後覺得自己好可憐、好痛苦，接下來就會使用毫無建設性的豺狼式語言，去誘發對方的反擊。如果對方心裡的小惡魔也想藉這個機會出來飽食一頓，雙方惡魔交戰，場面就很容易失控。因為要同時餵食彼此的惡魔，痛苦必然要加量，傷害自然會很大。

想當然耳，這樣的乞討與歸咎，只會讓雙方的關係更惡化，對關係的良性發展根本一點幫助都沒有。或者，有一方開始怯於溝通，想到一開口便會引狼出洞，到時候一陣口無遮攔的互揭瘡疤，想想還是算了，最後的結論就是「對方是讓自己痛苦的罪魁禍首」。嚴重的就慢慢導向酗酒、吸毒、抑鬱……各種身心失衡的狀態。

偏執、聽不進別人的聲音，絕對是關係中的大忌。因此，允許對方說「不」，才有可能進入到交流及溝通，否則就變成掌控或命令了。

在這裡分享一下，千萬不要被對方的「不」給嚇阻了，因為很多時候，對方可能只是不知道當下要怎麼回應，於是先拒絕，再慢慢沉澱、消化、思考。

Bob 就是典型的代表。問他任何事情，他在第一時間八九成會先拒絕。這個時候千萬不能動氣，因為經過我的說明之後，他幾乎都會滿足我的需要。

多年前，我就已經觀察到「不！」其實是他的口頭禪，當他說「不」，常常是因為對於一件事情不夠清楚的時候，自然發出來的一種無意識反應。

寒流來的那天傍晚，我跟 Bob 說：「放我腳邊的暖爐壞了，你出去散步之前先幫我去工作室拿一台暖爐回來好嗎？好冷喔！」

「不要！」

「為什麼？」

「我散完步之後，回來拿鑰匙再過去拿。」

「你先去拿回來，再去散步，跟你散步回來之後，再去拿的差別在哪裡？」

他：「嗯……」一陣沉默，我彷彿聽到他無聲散發出的「沒差！」。我呵呵呵笑了，他也笑了。

接著我說：「對你來說可能沒差，但對我來說有差。我會有一個多小時沒有暖爐可用，超冷的。沒關係，還是我換件衣服，自己去拿好了。」我必須說明，這個時候我完全沒有任何不悅的聲調或表情，我是真的很好奇，想知道他的思維跟脈絡。

「好啦！我先幫你去拿就是了。」他靦腆笑著答應。

從另一方面來說，我很清楚，平常事情只要不在他預想的範圍之內，你一問他，通常他的習慣反應就是先說No。誰知道，道高一尺、魔高一丈，這個時候我千萬不能被「不要」兩個字給刺激到，一定要穩住。

當一個人說「不」的時候，心理上似乎給了自己一些空間，表示他不想馬上給出什麼承諾，或做任何調整。這個時候，只要不給對方壓力，讓他有一點空間跟時間慢慢沉澱、咀嚼，他很自然就會做出對他有利的選擇。

以這個例子來說，既然對他沒差別，卻能為我帶來大大的滿足，何樂而不為？

我笑著說：「謝謝，這樣我心裡、身體都溫暖了，謝謝！」轉過身再加上一個擁抱。

看見別人的需要，同時更了解自己

一位學員曾經向我傾訴，說她很重視家人的健康，所以只要一看到孩子喝不健康的飲料，便會提醒他們少喝一些。結果孩子老是嫌她囉嗦，對她很冷淡，後來連出門聚餐也盡量不找她，這讓她很沮喪。

「我都很委婉的請求啊，而且還不都是為他們好，怎麼可以這樣對我呢？」她說。

其實，這正是一個把命令當請求的典型例子。

重點不在於你說得多有理，重點是孩子覺得你在命令他們。

「我只是提醒，沒有命令他們啊。」她喊冤。

「如果讓孩子覺得不順從，就給他們難看的臉色，這就是命令。如果讓孩子覺得不照著我的話去做，我就會失望、傷心、難過，這種情緒上的施壓，會讓他們感到內疚，也是命令的一種。」

她沉默了。

「我從非暴力溝通角度來看，關鍵在於，必須清楚知道自己說這件事時，不是想要改變孩子，而是相信孩子有能力做出有益於自己健康的選擇。」

她點點頭。

我們不妨閉上眼睛感覺一下，當我們擺出一張臭臉的時候，背後真正的意圖到底想說些什麼？是抗議、是施壓、是否定、是角力、是你錯了？還是想表達「我根本不在乎」？

說到孩子的健康選擇，讓我想起另一個案例。有一位學員是喵星人，家裡養了好幾隻貓。

「每次回爸媽家，他們就會念我，叫我不要再跟貓一起睡覺。」她說：「我很愛我爸媽，也很愛我的貓咪，但是爸媽老愛提起這件事，讓我害怕回家過夜。」

上了非暴力溝通課程之後，她開始理解父母的需要——希望她能注重健康。而且，爸爸年紀大了，很多事不能再掌控，提醒她別跟貓睡覺，也能滿足他「貢獻」的需要。「這樣想之後，我就比較樂意去聽父母的碎念。」

「如果接下來做練習，你會怎麼跟爸爸溝通這件事呢？」我問她。

她說：「我會告訴爸爸，當我聽到你這樣提醒我的時候，我很感動，我知道你很愛我、關心我的健康。可是，睡覺的時候，我需要貓咪的陪伴，可不可以請爸爸了解我的心情？」

「很不錯。不過，他可能不了解你希望他做到的請求，所以請求可以說得簡短些，主要先同理他，專注於爸爸的需要試試看。我相信你的健康就是爸爸最關心的事。」所以我建議她可以這麼說：「我知道爸爸真的很關心我的健康，你不用擔心，你這麼疼我，我一定會把自己照顧得很好，謝謝爸爸。」

很有趣，往往當我們看到對方的需要時，就不會再把注意力放在對方的叨念上，我們的注意力會像換了檔一樣，也開始誠實面對自己的需要。我們不都希望父母健康嗎？惹惱他們，應該不會是我們真正想要的結果。

只要能夠說出對方的需要和感受，對方就會湧出一種被了解的感動，整個人就會開始放鬆，起碼不會劍拔弩張。

一位學員在醫院的客服部門任職，經常要熬夜值班。有一次，一位老先生大發雷霆，連保全也跑來了，就在他氣急敗壞時，我的學員走上前，聽完他的控訴之後，她開口了：「伯伯，我知道你真的很生氣，我要是你，也會跟你一樣覺得很尷尬、很懊惱。你慢慢講，慢慢說給我聽。」

就這麼幾句話，伯伯從原先的大動肝火突然安靜了下來。他始終不認為他是在無理取鬧，只是想要把話說清楚，過程中，他很欣慰的獲得了體諒、支持與尊重，整個人因此而放鬆下來。

很奇妙吧？就這麼一句「我要是你，我也會很尷尬，你慢慢講」，同時表達了同理心及請求。原本可能發生的一場醫療訴訟，就在這位學員的同理心下圓滿畫下句點。

事後，她回想整個過程，加上後來回頭跟醫院那位被控訴的同事溝通後，她對非暴力溝通的價值有了更深入的理解。她跟我說：「老師，你知道嗎？那一刻我才回想起當初選擇在醫院工作的初衷，我開始懂得去同理不同角度看事情的人，整個過程我都沒有批判，我覺得好自由，自己都好感動。我好喜歡這份工作！」

別怕舊有的溝通模式上身

有一點請特別注意。有些人剛開始學了心理學、讀了相關書籍，或上過課之後，莫名多了一股優越感，認為除了好學的自己之外，其他人好像都變遲鈍了。於是，開始對人挑剔、糾正、分析、評斷，導致學習後的人際關係變得更加詭異。

例如有一位太太上完溝通課後，回到家中老是抱怨先生的表達不夠好，覺得先生不願意花時間學溝通就是不長進，沒有改善夫妻關係的誠意。

學習之後常見的負面情況有兩種，一種是回家後引發家人的反擊，喚醒家人之間的「權力鬥爭」（Power Struggle）。也就是遇到意見相左時，對方可能會說：「你不是學很多嗎？怎麼還這副德性？你學到哪去了？我看你是白學了！」

接下來不只數落你，甚至把老師也數落進去，讓人恨得牙癢癢，火冒三丈。另一種是學了理論之後，變得更加咄咄逼人，讓對方無法辯駁，深感挫敗。

首先我要說，千萬別自責，穩住，這都是學習的必經之路。

像這位太太，回家後「知識」變成她身上的一把無影劍，沒事就拿出來戳對方的要害，讓對方覺得自己很糟、一無是處。這也沒辦法，說起來都是我們的自尊心使然，只要壓力一來，上了火氣，就不由自主的想要凌駕對方，這是人性生存的本能。

這種時候就要仔細想想，既然學習溝通，為的就是想要改善關係，怎麼學了之後，反而要別人配合我們，跟著我們的腳步改變呢？何況，每個人眼前都有自己的規畫與重心，例如另一半可能目前職場上的挑戰過大，暫時沒有心力把焦點放在夫妻溝通上，但這並不表示他不重視婚姻或無能。

這麼多年下來，我發現一件很有趣的事情，有些人學習是希望回家之後能大聲跟家人講道理，這當然會踢到鐵板，適得其反。這個時候我就會說：「人啊，只要覺得我們在強迫他，他就不太想要滿足我們的願望。」對我來說，這是非常清楚的邏輯。不信的話，回頭想想自己，不就很清楚了嗎？

曾經有個經典的場景。我在台上講完「語言的力量」對我們的影響，還沒完全走下台，就聽到一位太太對坐在旁邊的先生說：「聽到沒有，賴老師說了要『說好話』才會有好命，你連這個也不會，真是笨死了！」眼看先生直接跟她翻了個大白眼，我在一旁哭笑不得。

有一位剛開始來上非暴力溝通課程的學員，提到她本來想跟先生分享自己的學習心得，結果先生只忙著滑手機，淡淡說了句：「我在忙。」

覺得很失望的她，原本想試著用非暴力溝通的方式來處理先生的冷淡，例如要客觀觀察、找出自己的感受、需要並提出請求，但一想到先生的反應這麼冷淡，就什麼都說不出來，索性算了，然後一個人生悶氣。

對初學者來說，說不出口是很常見的情形，但不妨換個角度想想，如果連學過非暴力溝通的人都覺得如此受挫，那麼對一個平常不善於溝通的人來說，會是多大的掙扎啊！

她也許可以這麼說：

我昨天想跟你聊天的時候，看到你在滑手機，說你很忙（**觀察**），

我聽到的時候，覺得滿失落的（**感受**），

因為我很想跟你說說我學到的新方法（**需要**）。

你可不可以告訴我，你什麼時候有空（**請求**），

我想跟你分享學習的心得，同時也想聽聽你的想法。

一旦提出請求，事情就有可能轉變，只不過我們往往不習慣請求，只習慣直接進入生悶氣的狀態。這就是為什麼，我常說「學過非暴力溝通後，人生會從此翻轉」的原因。

當然，初期我們很難不掉回過去的習性，但是當非暴力溝通的種子在心中萌

芽後，很容易當下就會開始覺察到自己哪裡話說偏了、態度拗了、忘了要多說些什麼，或是知道要如何去補救。

重點是，不要急，慢慢來，慢慢修正。總有一天，它會像呼吸一樣自然又容易的。

溝通之外，還有成全

對很多人而言，夫妻感情是最需要費心經營的人際關係。即使是世界上最有權力、最富有的人，也要面臨親密關係溝通的考驗。而解決問題之道，就在於：**彼此成全**。學會好好說話，幫助對方設身處地了解我們的願望，並且明白一個再清楚不過的道理：

我有我的希望、夢想與人生規畫，我清楚的說給你聽；你也有自己的希望、夢想與人生規畫，你也清楚的說給我聽。我們彼此相互成全。

拿美國前總統歐巴馬的故事為例。曾經有段時間，這位曾是地表上最有權力的總統跟妻子蜜雪兒的關係不是很好。當時，歐巴馬剛開始從政，蜜雪兒選擇在公益組織裡做事，好讓她每天可以準時回家陪孩子，享受親子時光。

但是，讓她很苦惱的是，歐巴馬常說要回家吃晚飯，最後卻沒有出現。由於這常常影響到她跟孩子安排好的生活計畫，於是夫妻倆常因此起爭執。

後來，蜜雪兒接受心理諮商，找到了自己的力量。

她跟歐巴馬約法三章，訂好了晚餐的開飯時間，只要時間一到，家裡就開飯，無論歐巴馬是否趕得回來。

她說，當她做了這個決定之後，自己的人生因此更有力量、更能自主，不再受到先生工作的牽制。與此同時，歐巴馬也不必因為常常無法陪孩子吃晚餐而感到愧疚，更不必因為常常與太太意見不合，影響到自己後來的從政之路。

換言之，倘若沒有當初蜜雪兒的安排與成全，很可能不會有後來的歐巴馬。

為了成全對方，我們先要找到自己內心的平衡。

我們需要學習溝通，更深入的去理解彼此。不僅要試圖了解自己想要什麼，更可以透過好的溝通去知道對方要什麼。

當我們能以成全對方為念，一定會發現兩人的互動有了明顯的改變。以我來說，當我很誠實的把自己的心理狀態剖析清楚，像一份貼心的禮物一樣，不帶任何指責、批評來跟 Bob 溝通時，很快的，他也會跟著調整自己，用同樣的成全之心來對待我。憑良心說，我認為從我們認識的第一天開始，他已經默默在成全我的心願了。

我相信這份心意，也同樣存在於許許多多的愛侶之間。只是長期下來，彼此鬆懈了、忽略了，以至於慢慢話說難聽了、傷人了，加上自尊心作祟，不懂得修復、道歉，最後成了怨偶，只能留在無奈的原地打轉。

我非常幸運，很早就走上這條學習的道路，特別是在親密關係上一心想成全對方。因此，我常常以觀察對方的需要為樂，總想著能如何成全他的心願，又不會委屈自己。當我用這樣的心在過日子的時候，他真的不可能跑太遠，因為世界上沒有幾個人會這麼有心想去體貼另一個人，同時既沒有委屈，又不縮小自己。

以我的經驗來說，深愛一個人，意味著願意成全他的一切，這麼一來，婚姻自然能夠長長久久。我也越來越明白，對方其實很多時候連自己真實的感受、需要都不怎麼清楚。而當我能夠體諒他的感受，願意幫他釐清並滿足他的需要時，試想，他怎麼有可能離開呢？

「體貼」是一門學問，也是一門藝術，是夫妻兩人一起攜手共創的甜蜜軌跡。我們也許會慢慢明白，其實體貼別人是可以不違背自己心意的。如同我前面所說的，透過溝通，我們終將明白，原來他的願望跟我的願望根本是一致的。

第6堂

同理心

同理，為語言注入溫暖

小芬哭著打電話給先生。

「你知道我老闆多過分嗎？他今天竟然公開讚揚小張，說提案很棒，客戶很滿意！明明整個案子都是我寫的！是我熬夜寫的！但是老闆提都沒提起我！」

「真的嗎？會不會是你聽漏了，老闆也許有讚美你，只是你剛好沒聽到。我跟你講話，你也常常心不在焉。」先生在電話裡說。

「不可能！開會時我從頭到尾都沒離開過！他就是故意一個字都沒提到我！」

「老闆可能一時口快，忘了提到你。你想太多了……」

「什麼我想太多，這不是第一次了！我的努力，他每次都裝作沒看見！」

「也沒有每次吧，你太敏感了……」

「我沒有敏感，他就是這樣！」

「你太多心啦，要知道他是老闆，你理智一點想，這樣做對他也沒好處啊……」

「要我講幾次，我沒有多心！我沒有不理智！」小芬大吼。

「別哭了，你每次動不動就這樣，反正不要理他就好了啊。」先生說。

「……」小芬掛上了電話。

其實我們一邊聽，一邊悄悄武裝自己

是否覺得以上的對話，很熟悉？

你有沒有發現，小芬先生說的每一句話，很明顯都是出於一片好意，想開導太太，讓太太開心，希望她不要繼續難過，趕緊擺脫悲憤，讓心情好起來？

但是效果如何？正好相反，小芬卻越聽越氣憤，最後乾脆掛上了電話。說不定這個時候的她，還比通話之前更傷心、更委屈、更生氣。

當先生不斷嘗試要小芬放寬心情的同時，小芬這一頭聽到的，卻是一連串的否定與譴責。

再想想，這很有可能也是別人傷心時，我們會說的話！

在非暴力溝通裡，先生在這個時候犯了非常典型的失誤，那就是：同理心（empathy）不足。她希望先生能設身處地同理她的心情，但他卻不經意的一次又一次試圖想糾正她的感受。

這也是很多人在溝通過程中，最常出現的情況：當一方傾訴感受及需要時，往往沒有獲得被傾聽的滿足。也由於我們太不習慣傾聽，只要一聽到對方有困擾，就迫不及待的想要下指導棋，指點他哪裡做錯了、想錯了，或是應該怎麼做才正確。

遇到這種情形，我們通常喜歡擔任理智的一方，站在高處、站在岸上講道理，扮演那個將對方從情緒深淵中拯救出來的英雄。一邊聽著對方訴苦、抱怨、傾吐，一邊想著要怎樣開導、勸說、分析，為對方解決問題。以為只要能說服對方改變想法，就盡到了身為家人、身為朋友的責任。

多年來的教育把我們訓練成只想快速解決問題，卻忽略了跟我們互動的是一個有感情的人，除了處理事情，人心的撫慰更是關鍵。畢竟，事情都是由人在做的，不是嗎？這是我們養成教育失衡的地方，也是最值得我們關切的方向。

這也是為什麼我們看到許多外在條件堪稱人生勝利組的人，心靈卻無比空虛，甚至鐵石心腸。沒有人想花時間去聽一個孤傲的人說話，當然他也就沒有機會培養出傾聽別人說話的能力。

這樣的惡性循環，需要下定決心尋求改變才可能突破。

一位《富士比》的專欄作家說過，我們知道的事情八五％是透過聆聽學來的，但我們聆聽的理解率卻只有二五％。更令人驚訝的是，在我們的職涯教育中，只有二％的專業人士受過正式的聆聽技巧訓練。

可想而知，除了這些二％，另外九八％的人可能對「傾聽」的價值與意義一知半解。

所以了，在溝通這件事上，我們經常遭遇挫折，覺得自己很冤枉——明明一片好意為對方著想，對方怎麼不領情，還轉過頭來把我臭罵一頓？我明明站在有理的一方，為什麼對方就是聽不進去？這麼情緒化，要怎麼溝通嘛？

從非暴力溝通的角度說，這正是同理心不足所形成的困境，因為「我們根本沒聽懂對方需要什麼」。

這時，也許換個角度想：當我覺得對方聽不進我說的話時，是因為我根本沒聽懂他的心。

不信的話，接下來我們就來看看，當別人覺得自己受到委屈，希望從我們身上獲得同理的時候，通常我們是怎麼回應的。

給建議／告訴對方我認為可以解決問題的好方法。

「你知道嗎，我覺得你應該要做的是……」

火上加油／認同、煽動對方，讓對方為他的問題更生氣。

「沒錯，你應該去找他理論……」

「太可惡了，實在是太過分了……」

否認感受／阻止或否定對方的感受。

「哎呀，你不要這麼悲觀嘛……」

「事情哪有像你形容的那樣……」

「你那樣想，只會讓事情更糟糕。」

「你這個人就是太敏感了。」

分析／態度冷靜，試圖進行理性剖析。

「我認為你的問題是你沒有想清楚……」

「從心理學的角度來說……」

說教／用邏輯、講課的方式來說服。

「你知道嗎，用這樣的方式思考是一種自我限制……」

開示／無論哪種情況，都導向信仰、宗教。

「你是個教徒，要知道，這一切都是因果……」

同情／以憐憫來表達理解對方的心情。

「你真可憐。」
「我完全知道你的感受。」
「好慘喔，這樣你怎麼辦？」
勝過對方／講一個自己的故事，讓對方覺得他的問題不算什麼。
「這沒什麼，我曾經……」
分散注意力／故作輕鬆開玩笑，或岔開話題，企圖轉移對方焦點。
「好啦，這就是生活，午餐吃什麼？」
「你們家的貓還好吧？」
批判／不留情面的直接批評或評斷。
「你太笨了……」
「我早跟你說過了，你什麼時候才能夠學會……」
「你一直抱怨有什麼用？」
指示／開始下指導棋。

「好啦，不要坐在那裡抱怨了，出去走走，去運動……」

收集信息／詢問一堆陳年歷史。

「過去曾經發生過這種事嗎？」

「這事情發生多久了？」

合理化／替另一方辯護或說情。

「你也應該為他想一想，他也夠可憐的……」

以上這些說法，都是我們日常會冒出口的話。對說的人而言，也許真的覺得沒什麼問題，但是對於聽的人來說，感受就真的是五味雜陳了。

在課程中，我們經常做類似的角色扮演，刻意讓學員身歷其境去體驗那種無法獲得同理的感受。因為唯有這樣，才能明白同理心的可貴，否則一直沿用過去的模式，只會持續陷入在「懊惱」（我說的有錯嗎？）與「抱怨」（怎麼都講不聽？）的迴圈中。長期下來，這種無效的溝通方式最後就會演變成：「算了，說也沒用，我累了，不想說了！」

一個好的溝通方式，必須要有同理心的幫襯，而我也相信，同理心是一種習慣的養成。在溝通的過程中，只要能支持到對方「渴望被理解」的需要，只要能讓對方覺得我們有用心聆聽他的心聲，對方的情緒很快就可以得到舒緩。

那麼，在回應別人委屈時，我們要如何展現同理心呢？除了提醒自己前面提到的習性之外，最重要的是養成傾聽的習慣，避免投入自己的價值判斷，避免用自己的意見打斷對方，盡己所能的尋找線索去理解對方的感受及需要，同時做出友善的回應。

不急著安慰對方，神奇的事情發生了……

「同理心」是非暴力溝通的核心，其中又涵蓋了兩個彼此相關的層次：一是「同理自己」，也就是先懂得體諒自己的感受及需要，二是有了同理自己的經驗之後，才有辦法「同理他人」，體會對方的感受及需要。

這是我常常舉的一個例子。一早起床，太太跟先生說：「我頭痛，我想我是感冒了……」先生的回應是：「我昨天就跟你講了，要多穿點衣服，你就是不聽！看，現在果然感冒了！趕快，下午趕緊去掛號，去看醫生……」

這樣的對話，熟悉嗎？我猜我們都跟最親密的家人這樣說過。就像這位太太一樣，先生說這麼一大串，句句當然都是關心，然而，卻不是太太想要得到的回應。太太最想要的，是先生的安慰與疼惜。

這就是同理心，同理自己及他人的感受與需要。

我們先換位思考。想想看，如果換做是先生跟太太說感冒了，會不會想聽太太說什麼「我早就跟你講了，你就是不聽」這樣的話？我想應該不會，先生應該也希望獲得安慰與疼惜。

首先，先生只要花一些時間，感受一下自己曾經生病、四肢無力，當下多麼希望太太能泡個茶、拿個枕頭，有包容、有耐性、有品質的給予溫暖。單單一個從主觀切換到客觀的小小動作，就能讓對方從懊惱提升到跟我們有親密連結。

換句話說，也就是養成一種新的習慣，設身處地去體會一下對方的需要，說穿了，就是意識上的轉換。就這麼一個小小的切換，就能夠讓我們從一個只想下指導棋、數落對方的狀態，躍升到讓對方感受到我們真切體諒的品質。

只要有一次對同理心深切的體悟，自然就不會再用以往的表達方式了。或者這麼說好了，萬一不小心又犯了毛病，也會知道要從哪裡著手改善關係。

有一次，女兒 Aggie 的ＩＧ被網路駭客入侵，鎖住了幾十萬的粉絲，駭客要她付幾百萬台幣，才肯把帳戶還給她，但 Aggie 知道自己不可能也不應該付這筆錢，於是她非常沮喪。

換作過去的我，很可能會直接以母親的口吻，試著開導她：「只是ＩＧ帳戶而已，沒關係啦，反正網路上那些東西沒了就沒了，不值得你這麼難過⋯⋯」之類的。我一定會試圖安慰她、勸她，或者乾脆直接告訴她：「這沒什麼大不了的，再弄一個就是了，小事一樁！」

由於我教學講究實證，這正好給了我機會去印證非暴力溝通的效力。我想，如果只套用最基本的方法，不知效果如何？於是，我耐住性子，仔細聆聽女兒的敘述，同時不斷從她話中的線索，試著去了解「這是什麼感受？她的需要是什麼？」，希望能找到我要的答案。

撇開以往的習性，我一直很仔細聽、專心聽，開口前我整理了一下自己。

「你一定很難過喔！花了這麼多年的時間，累積這麼多的粉絲就這樣沒了，一定很沮喪、很懊惱！」我用很慎重的語氣，慢慢的、穩穩的說。

結果出乎意料，她先是看了我兩三秒，接著居然一反先前的哀怨，反過來安慰我說：「其實也沒關係啦，反正我也在想，像這種ＩＧ社交媒體，到底有什麼意義……」

她回答得很平靜，情緒似乎也穩定了下來，然後，沒事了！

我不禁想，還真神奇，從邏輯上來看，我明明才提醒她花這麼多時間累積的粉絲就這樣沒了，她應該更沮喪才對，結果反而沒事了。相反的，我猜如果我用平常慣有的方式，勸她看開點，表現得這一切都不算什麼、不重要，她一定會更生氣，覺得我一點都無法體會她的心情，甚至跟我嘔氣也說不定。

這就是同理心奇妙的地方。坦白說，我只是運用傾聽及觀察，重複她說過的內容，僅此而已。

同樣的方法，我也曾經用在與母親的溝通上。

我非常幸運，以往在美國念高中時就修過心理學，現在回想起來，那幾堂課就是我心理學的啟蒙。

年輕時，一度我母親住在美國，而我人在台灣。她經常打電話給我，特別是晚上。提醒一下，那是個家家有電話、人人沒手機的年代。如果到了晚上十一點打來我不在家，第二天通上電話，她就會一直叨念：「女孩子這麼晚還不在家，像什麼樣子，一個人在外面，人家會怎麼看你？晚上那麼晚跑去哪了？你那些朋友難道沒爹沒娘……」

通常我不是把話筒移開，當作沒聽到她在電話那頭的數落，就是回嗆她：

「好了啦，你每次都講一樣的話，可以了啦！」其實心裡想的淨是：煩不煩呀！

當時的我還沒開始學非暴力溝通，但是那一天，我突然想到心理學提到的同理心，決定換個方式跟媽媽互動。

我對她說：「媽，我發現你真的超愛我，整天滿腦子都在想我。你這麼愛我，我真好命！謝謝你耶！」

她突然停了下來，我可以想像母親在電話那頭愣住的表情。她的語氣快速從急躁和緩了下來，我甚至能聽到她因為放鬆而輕緩的舒了一口氣。她當下覺得被了解，她在「了解」上充分得到了滿足，而我也因為她不再碎念，心情跟著平和許多。

兩個人的互動立刻就像汽車換了檔，從原來的R倒退檔換到D的前進檔，明顯開闊了起來。

從人與人的相處來看，「愛」是非常重要的基本需求。母親的需要，是讓我知道她很愛我，因此一而再、再而三的提醒我。以往當她覺得我沒有把她的話聽進去的時候，就會氣急敗壞，而她越生氣，我就越不想聽。後來，當我選擇把她的話聽進去，並且明確說出她的感受及需要時，她覺得我懂她的心意，對她而言，這樣的連結就足夠了。

同理心的培養，可以取代想要開導對方、跟對方講道理的習慣，並逐漸發現想改變或開導一個人，真的很消耗能量。倒不如先把自己理清楚、講明白，最後讓對方自己去做判斷，看看能否為我們的關係做出更好的抉擇。

有時候我們說的道理，或許有些人真的不明白，但也有很多人不是不懂，而是不願意配合。很多學員在碰到問題時，心裡往往會冒出這樣的想法：「憑什麼要我配合你？」

例如家人吵架，可能會勸其中一方說：「你就好好跟他說嘛……」但他卻回嗆「我才不要！」也就是說，他其實知道怎樣可以讓另一方釋懷，但就是不情願那麼做。

這個時候，就可以思索：「他渴望什麼？需要什麼？」

或者換個方式，這個時候，就是我練習同理他人及同理自己的機會。我們可以回頭想想，問問自己：「如果我是他，我為什麼這麼不情願？我有什麼感覺、什麼需要沒有得到滿足？」

開口勸說之前，試著先同理對方的感受及需要

我有一個很大的弱點，就是無法忍受看到大人對孩子謾罵，或是漠視孩子的需要。只要在公共場合看到這種狀況，都會讓我無比的痛苦。

然而，坦白講，除了憤怒、不捨，我也不知道能做些什麼。幾次親眼目睹的場面，因為印象太過鮮明，始終在我腦海揮之不去。

一次是多年前在大賣場門口，有位奶奶對著孫子破口大罵，遠遠的我並沒有聽到內容，但是看到有路人對小男孩伸出援手。感覺得出來，周圍的人對奶奶的舉動也頗有微詞。

這位奶奶並沒有因為旁人的勸說而回歸平靜，反而一記耳光狠狠的打在孩子臉上，大聲咆哮著：「都是你，害我站在這裡讓人家看笑話，回去你就死定了。」看到這一幕，我的心都碎了。

她的那句話把我拉回了現實。我們自認為是拔刀相助的英雄行為，是否真的幫得了這個孩子？當時我還很年輕，但我知道後來自己會投入現在的工作，多少跟這件事有關。

我那時候的想法是，想要幫助這些孩子，必須從教育大人開始。回頭想想，這也已經是三十多年前的事了。

另一次，是跟 Bob 在一家我們常去的餐廳吃飯。坐在我眼前的是一家四口，其中看起來約莫三十幾歲的爸爸，左手拿手機、右手拿筷子，一邊吃著飯，眼睛始終盯著手機螢幕，桌子底下的左腿不時上下抖動。

旁邊的母親則一臉嫌棄，手裡拿著碗筷，粗魯的餵著乖乖坐在一旁吃飯的兩、三歲小女兒，同時很不耐煩的反覆罵著：「你會不會吃東西？你快一點，吃得到處都是！真討人厭！你吃太快，你很煩耶……」

這個小女孩不知道是習慣了、麻痺了，還是也接受了媽媽眼中的自己，她一口一口吃著飯，一句一句聽著媽媽的數落、挑剔。突然間，我看到小女兒的眼眶紅了，媽媽接著馬上大聲斥責：「不准哭！」

當下的我如坐針氈，這是我吃過最痛苦的一頓飯。

這家的第四口，是母親用背帶綁在胸前、只有幾個月大的小寶寶。

我非常心疼這一家人，媽媽越罵，爸爸的腳抖得越凶，女兒的貼心在我眼裡看起來格外成熟，我也不知道能幫什麼忙。爸爸的逃避，媽媽的不耐煩，小女兒的生存之道……，最後我跟先生說：「我吃飽了，我們走吧！」

又一個傍晚，跟 Bob 在街上散步，十字路口前，我聽到一位奶奶對著十歲大左右的孫子大聲斥責：「你這麼皮，你知道那樣有多危險嗎？你要死也不要死在我眼前。」她氣急敗壞的推著孩子的頭，而小男孩就像雕塑一樣僵在眼前，任由奶奶叫囂。

我不知道發生了什麼事，但是那一刻，我感到一股很深很深的無力感。

還有一次是在超市，一對父母大打出手，把媽媽懷裡的一歲女兒嚇壞了。這對夫妻彼此咆哮的力道勢均力敵，我請店員打電話叫警察，然後走上前跟這對父母說：「你們要吵可以，但女兒我先替你們抱著。」

「孩子這麼小，你們做父母的不可以這樣傷害孩子。」我一把將孩子抱了過來，小女孩非常貼心，躲在我懷裡嚇壞了。這一次，我又心碎了。

等到警察來了，我把小女孩交到女警手裡，對她說：「麻煩你們好好處理，謝謝！」

我實在不忍心看著任何一個孩子對父母、對長輩失望，看著孩子嚎啕大哭、無助的樣子，這一次我選擇走向前，說句話。

我可以想像，這樣的場景，不只偶爾出現在餐廳、街頭，在每戶人家關上的大門背後，可能也正輪番上演著類似的戲碼。長輩看著兒子媳婦教養孩子，晚輩看著父母對待自己的孩子，妯娌、弟妹、姑嫂、叔叔伯伯、阿姨嬸嬸，各有各的育兒理念，加上每個人性格上都有無法挑戰的底線，這時候身為家中的一分子該如何是好？

我們也許選擇沉默，也許視而不見，也許斥責，也許勸說，但這都不是同理心的運作。在一次非暴力溝通的國際培訓上，我見到了曾經跟盧森堡博士一起推廣其理念多年的前會長呂靖安（Lucy）老師，閒聊中，我向她提出了這樣的問題：

「我非常喜歡小孩、疼小孩，我一直覺得他們是弱勢，最需要大人的呵護。當我看到別人用我無法忍受的方式在教養小孩的時候，我能怎麼做才不會讓孩子吃更多苦頭？我發現，不管是直接勸說或轉發貼文，只會讓對方更不舒服、更抗拒，這種時候我能怎麼做，才算做到有效的溝通？」

她說：「這個時候需要做的不是去勸阻對方，因為如果我們去勸一個人，表示我們認為他做錯了，或做得不夠好，那些話聽起來很容易被解讀為斥責。」

我說：「是的，我心裡的確有責備，因為我相當不認同對孩子使用任何暴力，無論是情緒上或語言上，還有大人對嬰幼兒情感上的漠視，都讓我看不下去。但我發現無論是選擇閉嘴、什麼都不說，或是直接告訴對方我的看法，結果都沒有讓我很滿意。我想知道，除了走開、偷偷傷心掉眼淚之外，還有什麼方法可以幫到所有的人？」

她說：「同理心。當下要先同理大人的感受及需要。」

「天啊，我懂了！以往我只看到孩子的需要和委屈，完全忽略了大人的感受及需要。其實，大人更需要同理，帶小孩真的很不容易，只要大人的情緒穩定、壓力降低，孩子就會有好日子過了。所以，我該做的是透過同理心來減少大人的壓力，而不是怪罪他們，因為那只會讓他們的壓力更大、更焦躁！」

對我來說，那次的對話有很深的啟發，一個困擾我多年的疑惑，就在一片風光明媚四月天的古木下豁然開朗。單單這一點明白，我相信就能幫助很多家庭解開常年的心結與膠著。

親愛的，請給我不帶任何價值判斷的陪伴

我們現在知道了，勸導、講大道理固然不是最好的方法，但憐憫、比慘——例如說「我覺得你真的好可憐」、「這不算什麼，我比你更慘」等等——從這套體系的角度來說，也不是好的方法。

不管是「你好可憐」或「我好可憐」，都是訴諸同情，而不是同理。

很多人會將同理與同情（sympathy）混為一談，也有人把同理稱為「共情」。坦白說，對於後者的解釋參差不齊，我也一知半解，我們姑且就來試著了解同情跟同理有什麼不同。

人與人之間如果只有同情而沒有同理，只會為溝通帶來反效果。

有一次，我在美國電視上看到一位知名女記者邀母親一起上歐普拉的訪談秀。她說，她很早就離開家，由於種種因素，離家後就再也沒有回去看過母親。

多年後，有一天開車經過洛杉磯市中心，這時她已經是家喻戶曉的電視新聞

主播。突然間，她看到一個非常熟悉的身影，霎時她心跳加快。眼前彎著腰、駝著背的老婦人，一身破爛舊衣，最讓她錯愕的是老婦人雙手推著一台超市的推車。只要住過美國的人，都知道這代表著這位婦人是一名無家可歸、沒有人在乎、無依無靠的「街友」。

女主播相當震驚，屏住了氣息，她再看一眼，確定那是她多年不見的母親之後，用力踩了油門，加速逃離現場。

回家之後，她每個晚上都無法入眠，也無法專心工作。她怕如果這件事情被報導出來，將會是一件多麼丟人的事。她是年薪百萬的名記者，而母親卻是露宿街頭的街友，這對她的形象會造成多大的負面影響，她無法想像。

終於她鼓起勇氣，從那一天開始，她刻意在每個街角穿梭搜尋，試圖找到那個既熟悉又陌生的身影。幾天之後，她找到了母親。

看到母親狼狽的模樣，她非常同情母親的處境，並試圖提供援助，但是母親拒絕了她。

看到接下來的這一幕，我非常感動。母親告訴女主播：

「我不要你同情我、可憐我，我並不可憐，我不要接受你的接濟，因為這是我的人生、我的選擇。你掙得你要的人生，我很為你高興，也很驕傲，這是你應得的，而我有我的尊嚴，我不要拿你的錢，請不要可憐我、同情我，請尊重我的立場跟我的選擇。」

女兒一聽，從最初的擔心、害怕、丟臉、責怪、愧疚、羞愧、恨、憤怒……種種五味雜陳的心情，突然躍升為同理心：媽媽需要的是尊重，需要對她自己的尊重，媽媽的自重需要獲得滿足。

為了這件事，她們溝通了一段時間，最後女兒聽懂了母親的感受及需要，也接受了母親的選擇。原本是個讓女兒覺得必須同情的可憐女人，經過一番美好的傾聽及溝通之後，母親在女兒心目中的形象從此翻轉，躍升為一個不願拖累女兒、有尊嚴的偉大女性。這樣的情懷，不是用金錢、成敗可以衡量的。

只要這個溝通的連結不斷，相信這對母女一定能調整步伐，慢慢走在一起。

她把自己跟母親的故事寫成了文章，讓更多人明白同理心的重要。

我不需要同情，我要的是同理。

曾經有一位罹患絕症的女士對盧森堡博士說：「你知道，比生病更痛苦的是什麼嗎？」

「是什麼？」盧森堡博士問。

「就是看到我身邊的人痛苦失措。」她說：「看到我為病所苦，他們經常不知該怎麼辦，總覺得該說些同情我的話，或是給我一些建議。他們不知道的是，幾乎他們給的所有建議，我都試過了。

「我知道，他們都是好意，但那對我一點幫助也沒有。他們並不知道，其實好好陪陪我、好好的聽我說說話，對我而言有多麼珍貴。

「但我很難跟他們說清楚，我怎麼開得了口？他們盡其所能的給我建議，希望幫助我減輕痛苦，我怎麼能告訴他們，這些建議不但沒幫助，甚至讓我更加孤單，也因此更痛苦？」

就像這位女士，其實很多人需要的，是一種單純、不需要糾正或建議的陪伴。

非暴力溝通相信，只要彼此之間有同理心，我們每個人都能為自己找到最理想的自處之道。

對方說 No，你覺得呢？

非暴力溝通有一個重要的關鍵，就是：無須在乎對方會如何回應我。在非暴力溝通中，需要在乎的，不是對方如何回應我們，而是我們要如何回應對方的反應。

換言之，不用在乎對方是否會用 No 來否定我、讓我難堪，我需要思考的，是接下來要如何回應對方的 No。

不需要在乎別人如何評斷，需要在乎的，是自己如何回應別人的評斷。

別人口中說出來的每一句話，都是提供我們同理他們的線索，這就是非暴力溝通的核心價值。

如果因為別人說了「你一點都不通情理」、「你是個不盡責的妻子」而感到難過，這意味著我們把評斷自己的權利交給了別人。挫折與傷痛並不是別人造成的，而是我們自己把那些話聽進去了。

這個時候，如果我把心思放在想要了解對方的感受及需要，我就會想：「他現在是什麼感受？他有什麼需要希望獲得滿足？」「他需要什麼，我要好好聽清楚。」

我也知道有一些人很難相處，但如果是我們生命中重要的人，千萬不要嫌時間成本太高，幸福本來就是用時間經營來的。當我們的同理心越來越茁壯，慢慢就會發現生活中原有的衝突、不愉快，很容易就迎刃而解。

我父親今年八十歲，最近因為癌細胞擴散而感到不適，我跟弟弟都很擔心。爸爸有一位小他幾歲的女朋友裘莉，他們相處的時間算起來也有十多年了。

「Tammy，我需要你幫忙我一件事。」裘莉說話的同時，我爸也在視頻前面。

「什麼事？」我問她。

「他一定會聽你的話，你跟他講，他必須去買一個助行器，否則萬一跌倒，骨頭斷了或碎了，後果不堪設想，很危險。」她說。

我看著我爸爸說：「爸，聽好了，你必須要聽裘莉說的每一句話。」

裘莉笑著說：「太好了，這比我要你說的更中聽。」我爸在一旁也笑了，這時裘莉走出了畫面。

我爸接著說：「我會聽，但是我不一定會去做，哈哈哈哈！」

「爸，買助行器不是為了你，是為了裘莉，是為了照顧你的人買的。你需要跟她合作，因為照顧病人真的很辛苦。如果照顧你的人情緒不好、不開心，或者壓力大，對你一點幫助都沒有。你如果配合度高，對她來說也是一種鼓勵，相信她也會更開心一點。爸，她需要你的配合。」

「你說得對，我會的。」他回答。

當我們熟悉同理心的運用，很容易就能設身處地為對方設想，接下來就可以學著如何扮演一個調停者。也就是說，只要有我們的地方，就會有更多美好的事情發生。

我們常聽到婆媳之間的問題，假如彼此都能善用同理心，或者身旁有一些懂得善用同理心的人，衝突就算不能馬上化解，起碼也不會讓關係更加惡化。

想想，一個女人把兒子扶養長大，總希望兒子娶老婆後，還是願意花些時間陪陪自己，這是很自然的事。倘若我們願意換個角度，感受一下婆婆語言背後的需求，也許還會覺得婆婆挺幽默的呢。

就怕「言者無心、聽者有意」，話只要聽得不順耳，就覺得婆婆像是在數落自己，無形中就會築起一道牆，把婆婆擋在心門之外。

我經常提醒身為媳婦的學員，先生把你娶進門，通常不會存心要蹧蹋你。在我接觸過的案例中，許多婆婆都想要好好溝通，只是策略很差，不善言詞。如果說了一些難聽的話，往往是為了想表達內心的感受和需要，只可惜來自另一個家庭的媳婦沒能聽懂。平心而論，婆婆也好，媳婦也好，大家都是用自己平常最熟悉的方式在溝通，不是嗎？

或許，有些婆婆個性強，覺得和顏悅色跟媳婦說話，代表自己腰桿子軟，擔心要是不把自己站挺了，將來會被騎在頭上，因此說什麼也不肯低頭。然而，這是自尊心的問題，不是針對媳婦，也不是刻意要傷人，只因為性格如此，她只會用這樣的方式應對。說不定一直以來，都沒有人提醒過她，這樣做會適得其反。

有一個學員說，她婆婆說話都帶刺。一回聽到婆婆打麻將跟友人說：「兒子啊就跟眉毛一樣，有跟沒有其實沒那麼重要。」

身為媳婦的她，聽到這話心裡很替先生抱不平，埋怨婆婆為什麼要這麼說自己的兒子，這不是讓兒子在別人面前難堪嗎？

不如我們試著用同理心去聽聽婆婆這番話，也許會有截然不同的領悟。或許，那只是牌咖之間話家常的方式，有時候數落兒子，有時候炫耀、以子為貴，媳婦也許正好聽到這一段，心裡就不舒服了。又或許，因為兒子常常不在身邊，婆婆「感受」到自己被冷落，但又不好自己直接跟兒子低頭，於是希望媳婦聽到她的「需要」後，傳個話要兒子多陪陪她。

我並不是說，婆婆的需要就一定要配合，但有了同理心之後，將能以更有連結的方式去溝通。

也許，媳婦聽了婆婆的話之後，可以跟婆婆說：「媽，我們一起去哪裡走走，您有什麼想法，想去哪裡呢？」就這麼一段話，相信婆婆聽了應該會挺開心的。

給出去的一定會回來，別輕易刺傷別人

事實上，培養同理心並沒有想像中的困難，只是我們過往缺乏這方面的教育和訓練。

我在課堂經常讓學員做練習，請學員把一個最近覺得最喪氣、生氣、惱火、不爽的事情提出來。當然，每次的課程，都會請學員對每個人的故事保密，因為只有在這樣的承諾之下，才能從中看到對我們最有幫助的解答。同時也會提醒學

員，當別人願意說出自己的故事時，是他們送給我們最珍貴的禮物，幫助我們目睹一個生命力量的轉變。因此，與其把別人的故事當八卦來閒聊，我們更要以一種慎重的態度來看待別人對我們的信任。

當他們說出生活的困擾時，即便只是早上一個闖紅燈的司機讓自己生氣，都可以幫助我們從責備轉為同理。

我會在地上放四個牌子：指責他人、指責自己、同理他人、同理自己。當學員站到哪一個牌子前面時，就要全然進入到那個情境盡情發揮。我的用意是，讓學員們看清楚自己最擅長的是哪一項，最陌生的又是什麼。

一個非常有趣的例子是，當一位學員說完事由之後，先站在「指責他人」的牌子前面。他站了很久，然後說他不知道要怎麼指責對方，因為他不習慣。由於這是分組進行，所以我請他再描述一下緣由給我聽。結果發現，當他談起那位同事的時候，眼神中流露出怒氣。

我對他說：「你嘴巴可能沒有說出斥責的話，但是你的眼神卻藏不住你的指責，小心，我們的身體是會出賣我們的。」

他突然笑了出來：「對啦，對啦，有的，有的，哈哈哈哈！我知道了！」

經過練習之後，通常學員們會發現：指責自己是大家最擅長的，再來是指責他人，然後是同理他人，最後也是最難的，就是同理自己。

從這裡可以看出大致的結論：我們都擅長指責，對同理心相對陌生。攻擊別人、攻擊自己，這是最直接的反應；而同理自己、同理別人就得花上時間慢慢沉澱、練習。

既然如此，前面我們談了很多關於同理別人的例子，接下來我們就來談談同理自己。

同理自己，就是跟人互動中，觀察到自己快抓狂時，先停下來做個深呼吸，避免惡言相向，也不咒罵自己，這是停止惡性循環非常重要的第一步。

我剛開始學心理學的時候，如果發現自己即將說出刺耳的話，就會馬上提醒自己不如不要開口，因為我堅信「給出去的一定會回來」，這是我對語言力量初步的認識。

漸漸的，由於不想惡言相向，很多事乾脆就不說了，到最後演變成生悶氣，久而久之，發現這也不是辦法。不說，是因為知道豺狼語言傷人又傷己，在沒有找到更好的方式之前，姑且先把難聽的話吞回去，但是這樣的做法其實只是將事件及情緒凍結，並沒有真正化解。

為了不讓自己憋壞了，我開始慢慢學著表達。如果我對 Bob 生氣，我會說：「我現在很生氣，但是我不想多說什麼。」等氣消了，再好好說分明。也因為氣消了，說話當然就不會太傷人了。

停下來，不等於壓抑，也不等於委曲求全。我向來不鼓勵壓抑，也反對任何形式的委曲求全。停下來，是為了讓自己冷靜，接著再謹慎運用非暴力模式，與對方進行建設性的溝通。

曾經有一位學員跟我說，在一次家庭聚會聊天時，因為意見與大家相左，最後，受不了一直被家人糾正的她決定起身離開。有點不安的她問我：「就這樣離開，好嗎？」

以同理自己來說，離開一個即將爆發的戰場當然是不錯的選擇。當覺得自己沒有好的溝通技巧，無法自我保護時，待在現場只能一直接招，然後不斷中箭。如果最後情緒受到影響，回到家又把情緒發洩到另一半身上，甚至遷怒孩子，那就太不值得了。

所以，我認為選擇離開是沒有問題的，不會讓自己受到傷害，因為沒有人需要繼續坐在那裡忍受大家指指點點，而其他人在你離開後還可以繼續聊，也不會因為你的離開而受傷。相反的，會造成傷害的，是拉開戰場回罵對方，把聚會變成互鬥大會。

我們往往認為，做人不能失禮，而為了不失禮，就應該乖乖坐在那裡忍受揶揄。千萬別這樣。我們先要同理自己，傾聽自己的聲音，把自己照顧好。如果真的覺得痛苦，當然可以離開現場，等調整好、有力量了再來面對問題。

如果情緒上來，就是做不到同理他人，又該怎麼辦？這種時候，可以用非暴力溝通的方法，說出自己的痛苦。

盧森堡博士曾在《教孩子將心比心》（*Raising Children Compassionately*）一書中，提到一個有趣的故事：有一次，在他辛苦調停警力與幫派的一場紛爭後，回到家竟然發現自己的三個小孩在打架。

「這時，我已經沒有力氣同理他們了，因此我大聲說道：『看到你們在爭吵，讓我心情很差！我現在很需要安靜一下，你們願意讓給我一段安靜的時間與一個安靜的空間嗎？』當時我大兒子才九歲，他聽見這話後立刻停手，並且看著我問道：『你要不要跟我們聊一聊？』」

發現了嗎，盧森堡博士即便是很累、心情很差，他所說出的這段話之中，仍然完整包含了非暴力溝通的四個要素——

我看到你們在爭吵（**觀察**），

讓我心情很差（**感受**）！

我現在很需要安靜一下（**需要**），

你們願意讓給我一段安靜的時間與一個安靜的空間嗎（**請求**）？

這，就是非暴力溝通的神奇力量。

你平常在餵哪一匹狼，那匹就比較有力量

不管是對自己或是對別人，非暴力溝通是一個可以幫助我們朝正向思考的工具。它幫助我們從缺乏連結的豺狼思維跳脫，躍向一個懂得同理彼此，願意放下身段去邀請對方跟我們合作的長頸鹿思維。

有學員問我：「為什麼別人要滿足我的需要？」

我告訴她一個盧森堡曾經說過的故事：「你看過小孩子在餵一群餓肚子的鴨子嗎？當小孩看到鴨子吃著他給出來的食物，你看他有多開心！這就是人的本

性。看鴨子吃得興奮，小孩子也跟著獲得了極大的滿足。這時候你覺得誰比較快樂？是誰在滿足誰？」

類似的畫面，只要我一探頭就可以看到。我們家門口有一個水池，成天都有小朋友向管理員伯伯拿飼料要餵魚，他們可開心、興奮了，包括我們家的小孫子、小孫女也一樣，他們最喜歡來爺爺奶奶家餵魚。

畫面中，我們明顯看到大家都非常開心，因為大家的需要同時獲得了滿足。孩子滿足了玩耍、貢獻、同理、關懷、學習、接納，而鴨子、魚也獲得了營養及飽足，說不定也滿足了慶祝和喜悅呢！

滿足別人的需要是多麼令人開心的事。我認為，重點不在於「別人為什麼要滿足我」，而是在於「我有沒有能力」對「滿足我（需要）的人」給予正向的回饋？如果答案是肯定的，那我們不就隨處可以看到這樣令人歡欣鼓舞、皆大歡喜的美麗畫面了嗎？

說到這裡，我想起了我的小女兒。

她大學念的是社會心理，我們經常討論心理學方面的心得，有時候我說她聽，有時候她說我聽。我們常常搶著扮演那個餵鴨子的小孩，她給我精神食糧，我給她心靈慰藉。每次掛上電話前，兩個人都依依不捨、相當滿足。

最近幾年，她已經從女兒慢慢變成了我最要好的朋友，甚至說是閨密也不為過。只要她遇到任何開心、不開心的事，總在第一時間想到我，而我也一樣喜歡跟她談生活中的大小事。

這一天，她對姊姊寫給她的簡訊感到委屈，於是紅著眼睛透過視訊向我傾訴。聽完之後，我告訴她：「來，我們就用非暴力溝通的標準模式，來釐清你複雜的情緒與思緒，看看效果如何。」

我讓她把非暴力溝通的四個步驟寫在一旁，依照它的SOP一路進行下來，她逐漸發現，就在理清楚自己的當下，她也就慢慢釋懷了。似乎當我們知道可以在一個有建設性的軌道上運行，有方法可以跟別人把話好好說清楚的時候，心中的大石頭就落下了。

最後我問她：「在姊姊面前，你有什麼需要？」

她說：「我需要了解跟支持。」

我說：「好，你說你需要姊姊的了解，那你要她了解你什麼？這個你必須先整理好，弄清楚。等你能夠跟她說清楚，而她也聽明白了之後，她才可能了解你，才知道怎麼支持你，要支持你什麼，不是嗎？」

很多時候我們選擇不說或不想說，是怕越說越糟糕，或是任性的認為「她應該要了解我呀」，但我真的必須說，如果希望別人了解我們，自己卻不吭聲，甚至連自己要什麼都說不清楚，對方怎麼會懂？

我相信，除非涉及特殊的政治或經濟目的，沒有人說話是為了要讓別人討厭自己、痛恨自己。當開口跟對方溝通，肯定都是希望達到自己想要的某種結果。如果話說難聽了、傷了人，通常是因為技術太差。有了這樣的理解，接下來的請求就容易多了。

最後小女兒整理了思緒，釐清了自己想跟姊姊提出的請求：跟你說「不」，對我來說一向很困難，你可不可以答應我，下次當我跟你說「不要」的時候，請你支持我的決定好嗎？

哇，好有力量的請求，這表示她已經準備好要開始照顧她自己的需求了。

這一天，我們花了一個多小時談話，我希望將來她可以自己學會善用這個工具，當我不在她身邊時，她可以很有效率地找到內心深處的聲音，同時為自己的需要服務。

最後，她說了一句讓我覺得非常感動的話，她說：「Mommy, you are my hero. Thank you so much.」

看，這不就回答了學員「為什麼別人要滿足我的需求」這個問題嗎？因為別人很喜歡看你開心、滿足、喜悅、豁然開朗的樣子。

人跟人之間最可貴的就是相互成全，在彼此共創的美好經驗中向前邁進。我知道，的確有很多人願意為別人和自己的幸福做出貢獻。

突然想到我之前寫的書《回家：與父母的關係，決定你與幸福的距離》當中提過的小故事，這是一段爺孫之間的對話：

小孫子問爺爺：「為什麼有些人很好、有些很壞？」

爺爺回答：「因為我們每個人的心裡都住著兩匹狼，一匹是善良的狼，一匹是兇惡的狼。」

孫子接著又問：「哪一匹狼比較有力量呢？」

爺爺說：「當然是你經常餵食的那一匹。」

在這裡，我也看到了兩種不同的溝通模式：豺狼和長頸鹿。

豺狼＝暴力的語言＝批評

長頸鹿＝非暴力語言＝同理

平常我們常用哪一種語言，就會造就哪一種人際關係、哪一種命運。

盧森堡博士認為，豺狼語言是長年教育灌輸給我們的思維模式，而長頸鹿語言是我們非常不熟悉、需要細心鍛鍊的新思維。

因此，我們真要好好想想，未來的我想要強化的是豺狼或是長頸鹿？要繼續批評別人、與人為敵，還是要學會同理別人、與人合作，一起成全彼此的夢想？我想，答案應該已經呼之欲出了。

承認自己的狼性並不可恥，這是一種意識的甦醒。換個角度來說，我反而覺得開心，因為這表示我的長頸鹿已經慢慢成長、茁壯，準備好要以一個嶄新的姿態來面對這個我深愛的世界了。

我們經常把愛掛在嘴上，然而，愛的語言是什麼？當我的需要被滿足的時候，那是一種什麼樣的感覺？我要如何提出愛的請求呢？

當我的需要獲得滿足，當你的需要也獲得滿足，是不是就是我們所認知的幸福呢？

我非常喜歡盧森堡博士描述小男孩餵鴨子的畫面，也喜歡看小女生在池畔餵魚的模樣，我就是那個小男孩，也是那個小女孩。當我看到魚跟鴨子的需要獲得滿足時，我的心是何等雀躍，而如果我想繼續看得更高、更遠，很簡單，我只要好好鍛鍊自己擁有一顆像長頸鹿一樣強而有力的心臟（同理心）就好了。

最後，獻上我喜歡的波斯詩人魯米（Rumi）的名句：

昨日的我聰明，所以我想改變世界。

今日的我有智慧，所以我正在改變自己。

我喜歡活在一個有愛的世界。既然魯米這麼說，我也認同，那就好好把長頸鹿語言學好，讓同理心落實在各個層面的關係裡。

結語

讓我們一起練習吧！

我們花了好多時間從不同的角度來認識語言的魅力。以往認為傷人的話，竟然可以透過拆解對方背後隱藏的需要，瞬間釋懷，甚至豁然開朗。在我學習心理學四十年的生涯中，還沒有看過如此簡單、有效、神奇的溝通魔法。

在華人所謂的「修練」當中，一個人如果能做到「放下、不計較、原諒」，就已經算是擁有了不起的胸襟，然而，能夠快速讓一個人從傷痛中淬鍊成豁達，稱它為魔法絕不為過。

東方人口耳傳頌的「慈悲心」、西方人常掛嘴邊的「愛」，相信有生活歷練的人都會認同，甚至嚮往。經過本書的整理，至少，希望讀過的人都能對自己仁慈一點、包容一點、有耐心一點，以及，多愛自己一點。

本書一再強調，把注意力集中在自己身上，先培養自己成為一隻有能力同理自己的開心長頸鹿，漸漸的，我們自然會長出力量，不再那麼害怕開口跟別人溝通。

溝通是一輩子的課題，相信每個人都希望能跟身邊的人建立良好關係，也希望有能力與喜歡的人共享未來。我的經驗告訴我，非暴力溝通是一個能幫助我們建立友善關係的法寶，這也是為什麼我要寫這本書的主要原因。

對於開創非暴力溝通的盧森堡博士，我深感佩服。多年來，他在美國與全球各地奔走，幫助過無數家庭、企業、組織，甚至國家。自從他的部分教學影片上傳到 YouTube 分享之後，更讓數以萬計的觀眾受到啟發。他所帶領與培養的團隊，承襲盧森堡博士的遺願，將非暴力溝通推廣到世界各個角落，近年來也在國際上備受肯定。

我自己就是受惠者之一。看到盧森堡博士把心理學、同理心帶入國際間的調停，對我來說猶如醍醐灌頂，原來我可以把研究所念的專業，與多年投入的心理學結合在一起。這太讓我興奮了！

無論是遇到書中提及的親子、夫妻、朋友、職場的問題，或是國際關係上的調解，盧森堡博士都支持我們以友善的態度來面對生活上的種種難題。不用討好，無須霸凌，他鼓勵我們用更文明的方式來表達自己的立場、請求協助，同時找出最好的合作方案。

誠心邀請對良善溝通感興趣的朋友，一起投入馬歇爾・盧森堡博士留給世人的願景。

提升覺知，用更友善的方式與這個世界互動

非暴力溝通不只是一套說話技巧，更是一套了解自己的工具，它幫助我們先

理清自己的心智，再與他人交流。從「觀察」開始，理解自己的「感受」，發掘自己的「需要」，然後提出「請求」，最後獲得同理的滿足。溝通時只要扣著上述四項要素，就能按部就班的檢視問題核心，用平和的方式面對問題，最終找出合作的方法。

當然，從起步、實踐一直到熟練，是一條長遠的道路。在這條路上，我們都在學習，學習如何解套，因為我們常把自己推往溝通的死結卻不自知。事實上，如果沒有高度的自覺，我們很可能不知道所說的話會引起別人什麼樣的反彈，導致多少原本該親密良好的關係，無端卡在死結裡進退不得。

我希望，對於那些有心想要改善關係的人，這本書能提供實質的幫助，至少不要一開口就掉進死胡同；或者，萬一掉了進去，也知道如何為自己脫困。

我常提醒一起靜心的學員，面對衝突時，要讓自己先停留在觀察階段——覺察自己的起心動念，當下究竟是長頸鹿或是豺狼。如果是後者，就先停在這裡，以免口出惡言，傷害了彼此。運用靜心，調整好自己，再開始友善的溝通。

在前面幾章，我們提供讀者一些常用的詞彙，例如怎樣描述「感受」、怎樣表達「需要」、怎樣提出正確的「請求」。剛開始運用時，可以把這些詞彙當作輔助工具，從中找到最貼近自己感受及需要的字句。有時我們會驚訝的發現，原來自己心裡有這樣的感受及需要，這可能是過去長期以來都未曾察覺到的。

當我們漸漸熟悉這些用語之後，就能越來越上手。要特別提醒的是，我發現大部分學員剛開始都分不清「請求」與「命令」的區別，誤以為溝通的最終目的，是要對方朝向自己的請求前進，一心認定結果必須符合自己的要求，溝通才算成功。

然而，在非暴力溝通裡面，溝通的價值在於彼此的心意被看到、聽到，因此過程中沒有人應該受委屈。一方提出請求，另一方是有權拒絕的，同時也要允許對方和自己達不到共識。然後，透過一次一次傾聽、提問、釐清、反饋，來找到有益於雙方的最佳平衡點，這就是非暴力溝通的基本態度。

我深切明白，每個人都有自己行之有年的溝通方式，想要轉換這個模式不是一件容易的事。不過，我們可以慢慢學著提升這方面的覺知，選擇用更友善的方式與這個世界互動。

在這裡，我非常感謝你的耐心參與。從盧森堡博士身上，我有機會回顧四十年前在美國念高中時的第一堂心理學課，從那一天起，我對人性開始有了好奇，好奇人的善、人的惡。多年下來，我曾經因為找不到答案，只好不斷在身上架起厚重的盔甲，以避免遭受羞辱及傷害。

後來慢慢感受到，厚重的盔甲早晚會讓自己窒息。很幸運的，我遇到很多貴人，也看到機會，從此許下心願，要從這些景仰的師長們身上學會卸下盔甲，寬以待人。我知道很多人跟我有類似的經驗，也希望能讓自己好好喘一口氣，善待自己。

我喜歡非暴力溝通，它讓我看到希望。我也真心期待看到華人世界有更多人投入非暴力溝通的學習、教學與推廣。非暴力溝通整合了我多年所學，簡單且清楚的描述了溝通過程需要注意的四個重要元素。我鼓勵每一個人盡早探索溝通的核心價值，並了解語言的力量。只要一開始練習，相信就可以避免很多不必要的口角與不愉快。

記得了，多給自己一點耐心跟同理心。放心，慢慢來，因為我們有一輩子的時間可以練習。

國家圖書館出版品預行編目（CIP）資料

我想跟你好好說話：賴佩霞的六堂「非暴力溝通」入門課 / 賴佩霞著 . -- 初版 . -- 臺北市：早安財經文化, 2020.04
面；　公分 . -- (生涯新智慧；50)
ISBN 978-986-98005-7-0 (平裝)

1. 人際傳播　2. 溝通技巧　3. 說話藝術

177.1　　109000642

生涯新智慧 50

我想跟你好好說話

賴佩霞的六堂「非暴力溝通」入門課

Nonviolent Communication for Beginners

作　　者：賴佩霞
記 錄 整 理：李欣怡
特 約 編 輯：莊雪珠
封 面 設 計：Bert.design
責 任 編 輯：沈博思、劉詢
行 銷 企 畫：楊佩珍、游荏涵

發　行　人：沈雲驄
發行人特助：戴志靜、黃靜怡
出 版 發 行：早安財經文化有限公司
電話：(02) 2368-6840　傳真：(02) 2368-7115
早安財經網站：goodmorningpress.com
早安財經粉絲專頁：www.facebook.com/gmpress
沈雲驄說財經 podcast：linktr.ee/goodmoneytalk

郵撥帳號：19708033　戶名：早安財經文化有限公司
讀者服務專線：(02)2368-6840　服務時間：週一至週五 10:00~18:00
24 小時傳真服務：(02)2368-7115
讀者服務信箱：service@morningnet.com.tw

總　經　銷：大和書報圖書股份有限公司
電話：(02)8990-2588
製 版 印 刷：中原造像股份有限公司
初 版 1 刷：2020 年 4 月
初 版110刷：2024 年 6 月

定　　價：360 元
I S B N：978-986-98005-7-0（平裝）

昨日的我聰明，所以我想改變世界。

今日的我有智慧，所以我正在改變自己……